문제 유형별 핵심 포인트 총정리

시사
JLPT
일본어능력시험
합격 시그널

저자 熊田道子, 福岡理恵子, 清水知子

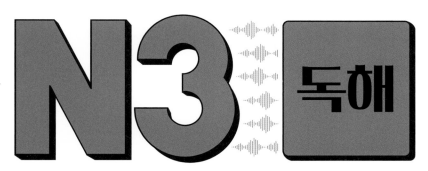

N3 독해

시사일본어사

JLPT 합격 시그널 N3 독해

일본어능력시험(Japanese-Language Proficiency Test)은 일본어를 모국어로 하지 않는 학습자들의 일본어 능력을 측정하고 인정하는 것을 목적으로 하는 시험입니다. 일본어의 능력을 증명하는 수단으로 진학·취직·승진 및 승격·자격 인정 등 다양한 분야에 활용되고 있어서 일본어능력시험 합격은 많은 학습자의 목표가 되었습니다.

일본어능력시험은 2010년에 학습자나 그 목적의 다양화 및 활용 분야의 확대 등에 발맞추어 '과제 수행을 위한 언어 커뮤니케이션 능력'을 측정하는 시험으로 내용이 크게 바뀌었습니다. 그러나 방대한 언어 지식을 배워서 운용하는 힘을 높이는 것은 그리 간단하지 않습니다. 특히 비한자권 학습자나 공부 시간의 확보가 어려운 학습자에게 있어서는 합격까지 가는 길이 더욱 힘들게 느껴지는 경우가 적지 않습니다.

본 교재는 수험자 여러분이 시험에 필요한 최소한의 힘을 단기간에 몸에 익혀서 합격에 한걸음 더 다가갈 수 있도록 고안된 본격 시험 대비용 학습서입니다. 엄선된 항목별 문제 풀이 과정을 통해 스스로 문제를 이해하고 해결하는 힘을 기르는 것을 목표로 합니다.

이 책에서는 N3 레벨의 '독해'를 학습합니다.

이 책의 특징

① 실제 시험과 동일한 형식의 문제로 연습할 수 있습니다.

② 각 장마다 배워야 하는 목적을 압축해서 답을 찾아 내기 위한 요령을 터득할 수 있습니다.

③ 별책 해설에는 도식화된 해설과 번역이 있어 독학으로도 효율적으로 학습할 수 있습니다.

일본어능력시험의 독해 파트는 문장을 이해하기 어렵고 선택지도 모두 정답으로 보이는 데다가 시간도 부족해서 어렵게 느껴진다고 하시는 분들이 많습니다. 하지만 독해 시험의 '정답'은 반드시 '문장 속'에 있습니다. 본 교재를 통해 문장 속에 들어있는 '정답'을 정확하고 빠르게 파악하기 위한 주요 포인트를 각 장마다 익힐 수 있습니다. 이러한 핵심 포인트는 시험 대비뿐만 아니라 '독해력'을 기르는 토대가 됩니다.

별책에는 학습자의 이해를 돕기 위해 도식화된 해설과 번역을 수록하여 혼자서도 효율적으로 익힐 수 있도록 구성하였습니다.

본 교재가 업무 현장이나 생활, 그리고 인생에 있어서 '글을 읽는' 즐거움을 누리는 데 도움이 되기를 바랍니다.

저자 일동

목차

연습 문제

▶ 읽기 방법의 포인트

▶ 다양한 유형의 문장

일본어능력시험 N3 독해 파트 소개

🗂 시험 레벨

초급 ————————→ 상급

N5 〉 N4 〉 **N3** 〉 N2 〉 N1

일본어능력시험은 N5 ~ N1의 레벨입니다.

N3는 중간 레벨로 일상적인 장면에서 사용되는 일본어를 어느 정도 이해 가능한지를 측정합니다.

🗂 N3 시험 과목과 시험 시간

과목	언어지식(문자 · 어휘)	언어지식(문법) · 독해	청해
시간	30분	70분	45분

🗂 N3 독해 문제

	문제	문항 수	목표
1	내용 이해 (단문)	4	생활·업무 등 여러 가지 화제를 포함, 설명문과 지시문 등 150~200자 정도의 텍스트를 읽고 내용을 이해할 수 있는지를 묻는다.
2	내용 이해 (중문)	6	해설, 에세이 등 350자 정도의 텍스트를 읽고 키워드나 인과 관계 등을 이해할 수 있는지를 묻는다.
3	내용 이해 (장문)	4	해설, 수필, 편지 등 550자 정도의 텍스트를 읽고 개요나 논리의 전개 등을 이해할 수 있는지를 묻는다.
4	정보 검색	2	광고, 팸플릿 등 여러 가지의 정보 소재(600자 정도) 안에서 필요한 정보를 찾아낼 수 있는지를 묻는다.

〈문항 수〉는 매회 시험에서 출제되는 문항 수를 기준으로 하되, 실제 시험에서 출제되는 문항 수와 다소 차이가 나는 경우가 있으며 변경될 수도 있습니다.

N3의 득점 구분과 합격 여부 판정

득점 구분	득점 범위	기준점	합격점/종합 득점
언어지식(문자 · 어휘, 문법)	0 ~ 60점	19점	
독해	0 ~ 60점	19점	95점/180점
청해	0 ~ 60점	19점	

총 180점 만점에 합격점은 95점 이상입니다. 단, 언어지식(문자·어휘, 문법), 독해, 청해의 각 영역별 과락 기준 점수 19점을 넘어야 합니다. 종합 득점이 95점 이상이라도 각 과목별 득점이 한 파트라도 18점 이하의 점수가 있으면 불합격 처리됩니다.

일본어능력시험 공식 웹사이트 (https://www.jlpt.or.kr)에서 발췌
자세한 시험 정보는 일본어능력시험 공식 웹사이트에서 확인하세요.

이 책을 사용하시는 **학습자분께**

1 목적
독해 문제의 요점을 이해하고 시험 합격에 필요한 최소한의 능력을 기릅니다.

2 구성

❶ 본책

📝 연습 문제

> **1회 ~ 5회**

글을 읽을 때 주의해야 할 핵심 포인트를 〈접속 표현 (1)(2)〉, 〈지시사〉, 〈주어 등의 생략〉, 〈이유〉로, 다섯 유형으로 나누어 정리했습니다. 매회마다 단문 2개, 중문 1개(접속 표현 (2)만 중문 2개)로 구성했습니다.

> **6회 ~ 8회**

〈메일 · 메모 · 알림〉, 〈의견문〉, 〈설명문〉 등 문장 유형별로 학습자가 반드시 파악해야 할 핵심 포인트를 제시했습니다. 〈메일 · 메모 · 알림〉은 단문 4개, 〈의견문〉과 〈설명문〉은 단문 2개, 중문 1개로 구성했습니다.

> **9회 ~ 12회**

〈장문〉과 〈정보 검색〉을 하나로 묶어서 1회로 수록했습니다. 장문 독해를 통해 1회 ~ 8회에서 학습한 포인트를 복습함과 더불어 〈정보 검색〉에서 요구하는 '필요 정보를 선택해서 읽는 방법'을 학습할 수 있도록 구성했습니다.

📝 모의시험
실제 시험과 동일한 형식의 문제입니다. 학습자가 스스로 어느 정도 실력이 향상되었는지 확인할 수 있습니다.

❷ 별책

📝 정답 및 해설(번역 포함)
정답을 표시하고 오답 선택지의 대부분에 설명을 달았습니다. 그리고 `핵심 포인트` 에서는 각 회의 핵심 내용을 본문에 따라 한눈에 파악하기 쉽게 도식화했습니다. `여기가 중요!` 에서는 주요 표현을 뽑아 설명했습니다. 또한 중문과 장문은 전체 내용을 요약하여 수록했습니다.

3 표기

기본적으로 상용 한자표(2010년 11월)에 있는 것은 한자로 표기했습니다. 단, 히라가나 표기가 적절하다고 판단될 경우에는 예외적으로 히라가나로 표기했습니다. 또한 본책의 문제 지문에서 N2 레벨 이상의 한자를 포함한 어휘, 그리고 N3 레벨 이하의 한자로 구성되어 있어도 문장 이해상 필요하다고 판단되는 단어에는 후리가나(한자 읽는 법)를 달았습니다. 그 이외의 부분(별책 포함)에는 모든 한자에 후리가나를 달았습니다.

4 독학 학습 방법 및 학습 시간

1회부터 순서대로 진행해 나가면 별 어려움 없이 요점을 파악하며 학습하실 수 있습니다.
(1회 ~ 8회에서는 단문과 중문, 9회 ~ 12회에서는 장문과 정보 검색을 다루고 있습니다.)
1회 ~ 8회에서는 첫머리의 일러스트로 핵심 포인트를 확인한 후 문제를 푸시길 바랍니다. 읽는 도중에 모르는 단어가 나와도 바로 사전을 찾지 않도록 합니다. '아마도 이런 내용일 것이다'라고 예측하면서 답을 찾는 힘을 기르는 것이 중요하기 때문입니다.
그리고 스스로 정답을 찾은 후에 별책을 보고 정답을 확인하세요. 별책에는 '어디에 정답의 근거가 있는지' 알 수 있도록 핵심 포인트를 통해 지문을 도식화했습니다. 설명을 잘 읽고 이해했다면 마지막으로, 읽으면서 몰랐던 표현들도 다시 한번 살펴보고 확인하는 것이 좋습니다.

① 각 회의 핵심 포인트를 이해한다 → ② 스스로 문제를 푼다(사전은 되도록 사용하지 않는다) → ③ 정답을 확인한다 → ④ 해설을 읽고 이해한다 → ⑤ 주요 표현이나 읽으면서 몰랐던 표현들을 외운다

이렇게 반복하면 독해력을 키울 수 있습니다. 문제를 푸는 것이 익숙해지면 풀이에 걸린 시간도 한번 재어 보도록 합시다. 문제를 풀 때, 단문은 4분 이내, 중문은 7분 이내, 장문은 10분 이내, 정보 검색은 6분 이내를 기준으로 하는 것이 좋습니다.

　독해 수업을 할 때 무엇을 가르쳐야 할지 고민하시는 선생님이 많으시리라 생각합니다. 정답을 알려 주고 왜 그게 답이 되는지 학습자에게 설명하더라도 그것은 일회성에 지나지 않습니다. 그런 수업을 반복한다 해도 과연 학습자가 독해력을 기를 수 있을까 하는 고민을 가지고 계시는 선생님도 계실 것입니다. 이에 본 교재는 일본어 문장을 읽을 때 학습자가 주의해서 읽어야 할 핵심 포인트를 요약하여 각 회에서 무엇을 가르쳐 주셔야 할지 명확하게 제시했습니다. 문장을 읽을 때 무엇을 주의해야 할지 학습자가 스스로 생각하게 함으로써 일본어능력시험 합격이라는 목표뿐만 아니라 독해력도 키울 수 있기를 바라며 이 책을 구성했습니다.

1 교실 수업 진행 방법 및 학습 시간

　✓ 본 교재는 1회분을 1회 차 수업으로 학습하는 것을 상정하여 각 회에서 타깃으로 하는 학습 항목을 정해 놓았습니다.

　✓ 일본어능력시험의 실전 연습을 위해 시간을 설정하여 문제를 풀게 할 뿐만 아니라 학습자에게 예습을 시키고 교실에서는 해설을 중심으로 수업을 진행하는 등 다양하게 사용할 수 있습니다.

　✓ 실전 테스트 대비용 연습으로 시간을 설정하고 싶을 경우에는 〈단문〉은 4분, 〈중문〉은 7분, 〈장문〉은 10분, 〈정보 검색〉은 6분을 기준으로 하십시오.

　✓ 본 교재는 페이지 순으로 학습해도 좋지만 각 회가 독립된 구성으로 되어 있기 때문에 순서를 변경해도 학습이 가능합니다. 단, 9회 ~ 12회의 장문은 1회 ~ 8회의 학습 항목과 연계하여 문제를 푸는 형태로 되어 있기 때문에 1회 ~ 8회를 학습 후에 하는 것이 효과적입니다.

　✓ 수업 진행 방법의 예: 먼저 시간을 정해 문제를 풀고 나서 정답을 제시한 후, 어떻게 정답을 도출해 낼 수 있는지 별책의 정답 및 해설을 참고하여 설명합니다. 각 회에서 중요하게 다루는 항목의 역할과 특징을 강조해서 설명해 주시는 것이 좋습니다. 마지막으로 다른 선택지가 왜 오답이 되는지 확인합니다.

② 수업 시 포인트

2-1 본책에 대해서

✏️ 1회 수업 시 무리해서 각 회의 모든 문제를 풀 필요는 없습니다. 타깃이 되는 학습 항목의 습득을 목표로 하여 수업에서 다루지 못한 문제는 과제로 제시하는 등, 수업의 진행이나 학습자에 맞추어 사용해 주세요.

✏️ 1회부터 9회까지는 각 회에서 학습할 핵심 포인트를 서두에서 소개했습니다. 이는 해당 수업에서 무엇에 대해 학습하는지를 학습자가 명확하게 인지할 수 있도록 하기 위해서입니다. 따라서 곧바로 문제로 들어가지 말고 어떤 내용을 공부해야 되는지를 학습자에게 확실히 인식시킨 상태에서 문제를 풀게 하시길 바랍니다.

✏️ 9회부터 12회까지는 장문과 정보 검색을 각 회마다 하나씩만 학습하도록 되어 있습니다. 이는 1회당 수업 부담을 덜기 위해서입니다.

✏️ 장문 독해는 1회부터 8회까지의 학습을 바탕으로, 핵심 포인트나 문장 유형에 유의해서 읽도록 지도하시는 것이 좋습니다.

✏️ 정보 검색은 문제에서 무엇을 묻고 있는지를 확인하고, 어디에 주목하면서 정보를 찾아야 하는지 학습자가 스스로 생각할 수 있도록 지도해 주세요.

2-2 별책(정답 및 해설)에 대해서

✏️ 본 교재는 해설 부분을 알차게 구성했습니다. 별책에서는 정답을 찾아가는 과정을 도식으로 풀이했습니다. 수업 지도 시, 단순히 정답 체크에 그치지 말고 '왜' 그것이 정답이 되는지를 중점적으로 지도해 주세요.

✏️ 해설에는 읽기 핵심 포인트가 정리되어 있습니다. 특히 `여기가 중요!` (독해의 포인트가 되는 표현), ⊙(독해의 힌트 부분)을 중점적으로 지도해 주세요.

✏️ 본 교재에서 핵심 포인트로 다루는 표현은 한정되어 있습니다. 교실 활동에서 유사한 표현을 다루는 등 (예: 1회 접속 표현 (1)에 다양한 대체 표현 제시), 학습자가 보다 많은 읽기 전략을 습득할 수 있도록 지도해 주세요.

✏️ 중문과 장문 해설에는 본문 요약이 실려 있습니다. 장문 독해 시 세부적인 부분에 의식이 집중되어 전체적으로 무엇이 쓰여 있는지를 놓치는 학생이 있습니다. 독해력을 기르기 위해서는 전체적인 흐름이나 자신이 읽은 부분이 어떤 내용인지를 제대로 인식하고 읽는 것이 중요합니다. 해설 시 요약을 읽게 하거나 주제나 구조, 포인트를 파악시킴으로써 글의 전체 맥락을 파악하는 습관을 들이게 할 수 있습니다. 시간적 여유가 있다면 학습자에게 요약을 시키는 것도 독해력 향상에 도움이 됩니다.

이 시리즈에서는 학습에 맞추어 닌자와 함께 일본 각 지역을 여행합니다. 〈문자·어휘〉, 〈문법〉, 〈독해〉, 〈청해〉를 함께 학습하면 일본 일주가 가능합니다. 〈독해〉에서는 「九州 규슈· 沖縄地方 오키나와 지방」을 여행합니다.

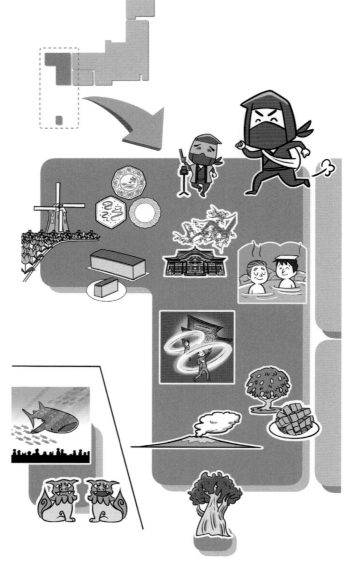

12

1회

接続の表現 (1) 접속 표현 (1)

엥? 접속 표현이 어떤 거야?

「でも 하지만」이나 「だから 그러니까」같이 문장의 흐름을 이해하기 쉽게 하는 말이지!

問題1　次の文章を読んで、質問に答えなさい。答えは、1・2・3・4から最もよいものを一つえらびなさい。

　　小山さんは東京の中心から電車で2時間ほどの町に一家で引っ越した。都心の会社で働 1 いているので、通勤は本当に大変だ。しかし、一番のストレスは他にある。

　　この町に決めたのは、物価が安く、さらに、緑が多く、子育てにいい環境だと考えたからである。ところが、子供たちは田舎は不便で嫌だと毎日文句ばかり言って、小山さんをとても困らせるのだ。 5

　　それでも、自然の中で暮らす楽しさに気づいてくれる日がきっと来る。そう信じて、小山さんは今日も満員電車に乗っている。

問い　小山さんの一番大きいストレスは何か。

1　子供たちが文句ばかり言っていること
2　通勤のためにとても時間がかかること
3　田舎は生活するのに不便すぎること
4　東京の物価が高すぎて住めないこと

問題2　次の文章を読んで、質問に答えなさい。答えは、1・2・3・4から最もよいもの
　　　　を一つえらびなさい。

　スマートフォン、いわゆる「スマホ」は人々の生活を変えた。いろいろな点で便利になっ
たが、使いすぎによって目が悪くなるなど、健康への影響が出ている。さらに、スマホは
食べ物の選び方も変えている。食べながらスマホが触れるように、手が汚れない食べ物を
選ぶ人が増えた。また、スマホで写真に撮りたくなるような美しさやユニークさがあるか
どうかも食べ物を選ぶポイントになっている。つまり、スマホは、人々の食生活まで変化
させているのだ。

問い　スマホは、人々の食生活まで変化させているとあるが、その結果、どのような店が人
　　　気を集めると考えられるか。
　　　1　スマホから料理を注文できるようにした居酒屋
　　　2　値段が安くて一人でも入りやすいすし屋
　　　3　色や形がきれいでかわいいパンを売るパン屋
　　　4　手で肉をつかんで食べることができるレストラン

問題3　次の文章を読んで、質問に答えなさい。答えは、1・2・3・4から最もよいもの
　　　　を一つえらびなさい。

　私は大学生で、文学部で勉強しています。今、残念に思っていることがあります。大学 1
入学後、病院ボランティアのサークルに入り、病気の人と話す機会が増えました。それ
で、健康のことについてもっと学びたくなりました。でも、文学部では病気や体のことに
ついて学べる授業がありません。

　私が文学部への進学を決めたのは、高校1年生の時でした。私の高校では、1年生の秋 5
に文系に進むか理系に進むかを決めます。私は数学が苦手でしたが、子供のころから読書
が好きでした。それで、文学部に行こうと決め、2年生からは文系の勉強が中心になりま
した。

　もちろん、大学は専門的な勉強をする場所で、文学部の私が文学ばかり勉強するのは、
仕方ないでしょう。でも、人の興味はどんどん変わっていくものです。大学時代は勉強だ 10
けに集中できる最後の時間です。だから、もっと専門以外の勉強ができる機会があればい
いと思います。

問1　私が残念に思っていることはどのようなことか。
　1　大学の学部を決める時に文学部を選んでしまったこと
　2　ボランティアのサークルに入ってしまったこと
　3　サークルが忙しくて文学の勉強ができないこと
　4　病気や体のことについての授業が受けられないこと

問2 私が文学部を選んだのはなぜか。

1 国語や社会の勉強がしたかったから

2 理系の勉強をしたことがなかったから

3 小さい時から本を読むことが好きだったから

4 高校に入学した時から文学部に行きたかったから

問3 この文章で一番言いたいことは何か。

1 大学ではいろいろな勉強ができる機会を増やすべきだ。

2 高校を卒業してから、文系か理系かを決めるべきだ。

3 大学生になったなら、もっと勉強をするべきだ。

4 文学部なら、病気や体のことをしっかり学ぶべきだ。

접속 표현을 많이 알고 있으면
글을 읽기 쉬워질 거야.

問題1　次の文章_{ぶんしょう}を読んで、質問に答えなさい。答えは、１・２・３・４から最_{もっと}もよいもの
　　　　を一つえらびなさい。

　店で買い物をすると、何をいくらで買ったか書いてある紙、つまりレシートをもらう。[1]
先週もらったレシートを比_{くら}べて、おもしろいことがわかった。
　二つの美術館で同じ品物を買ったので、そのレシートを比_{くら}べてみたら、上野_{うえの}の美術館の
ものには「ハンカチ」と書かれていた。一方、六本木_{ろっぽんぎ}のものでは、それが「handkerchief」
となり、開館時間などの情報も英語で書いてあった。六本木_{ろっぽんぎ}には多くの外国人が行くため、[5]
英語を使っているのだと思う。
　近所の店のレシートを見ると、小さい八百屋_{やおや}のものには「野菜」と書いてあるだけだ。
それに対し、大型スーパーのものには「千葉産_{ちばさん}トマト」と野菜名や産地が書いてある。
そのうえ、イベントの予定、Webサイトのアドレス、安売りの情報まで載_のっていた。何
度も来店してほしいというスーパーの願いを感じた。[10]

問1　この文章_{ぶんしょう}の中で、何枚のレシートを比_{くら}べているか。
　　1　3枚
　　2　4枚
　　3　5枚
　　4　6枚

問2 <u>イベントの予定</u>は、どこに書いてあったのか。

1 スーパーの店内

2 Web サイト情報の中

3 「野菜」と書いてあるレシート

4 「千葉産トマト」と書いてあるレシート

問3 この文章を書いた人が一番言いたいことは何か。

1 店の場所や種類によって、レシートに書いてある情報が違う。

2 大きい店は、客を来店させるためにレシートを使っている。

3 近所の店のレシートは、美術館のレシートより情報量が多い。

4 情報の多いレシートを出す店は、客についてよく研究している。

**問題2　次の文章を読んで、質問に答えなさい。答えは、1・2・3・4から最もよいもの
　　　　を一つえらびなさい。**

これは、Yサッカークラブ会長の木田さんがクラブの人に送ったメールである。

1

宛　　先：ml_ysoccer@xxx.ml.com

件　　名：サッカー大会のこと（お願い）

送信日時：20XX年5月10日15：35

Yサッカークラブのみなさん

5

きのう、無事、年に1回のサッカー大会が終わりました。

試合の結果は残念でしたが、みんな、よくがんばりましたよね。

それに、試合には出られないメンバーも大勢見に来てくださって、

とてもうれしく思いました。

10

ご協力ありがとうございました。

さて、みなさんにお知らせがあります。

来年の大会の準備係は、私たちYサッカークラブに決まりました。

それで、会場や日程を決めなくてはいけないのですが、

まず、みなさんの意見を聞きたいと思います。

15

下のアンケートサイトにアクセスしてください。

https://anketo.onegai/001/

今年の大会に参加して感じたことが書けるようになっています。

次の練習の時にアンケート結果を見て話し合いましょう。

みなさん、いい大会にしましょうね。

20

Yサッカークラブ会長・木田

問1 今年の大会で、Yサッカークラブの結果はどうだったか。

1 がんばって、勝った。

2 がんばったが、勝てなかった。

3 大勢（おおぜい）の人が見に来てくれたおかげで、勝った。

4 試合に出られない選手がいて、勝てなかった。

問2 このメールで新しく知らせたいことは何か。

1 今年のサッカー大会が無事（ぶじ）に終わったこと

2 来年のサッカー大会の日程（にってい）が決まったこと

3 このクラブが来年のサッカー大会の準備係（じゅんびがかり）に決まったこと

4 このクラブがサッカー大会の新しいWebサイトを作ること

問3 このメールをもらった人は、最初に何をしなくてはいけないか。

1 練習に参加する。

2 会場と日程（にってい）を決める。

3 意見をメールする。

4 アンケートに答える。

読み方のポイント 3 읽기 방법의 포인트 3
指示詞 지시사

問題1 次の文章を読んで、質問に答えなさい。答えは、1・2・3・4から最もよいものを一つえらびなさい。

ピアノのきれいな音は、どうやったら出せるのだろう。 1

　ある本によると、ピアノは肩や背中、足など、全身を使って弾くものだそうだが、体型は人によって違うので、「こう弾けば、こんな音が出る」と一般化することは難しいらしい。キーを速くたたくことはロボットでも簡単にできるが、美しい音となると、話が違ってくる。弾く人が理想の音をイメージしてキーをたたき、実際の音が<u>それ</u>に合っているかどう 5 か判断できる耳を持つことが大切だというのだ。

問い <u>それ</u>とは、何か。

1　全身を使って正しく弾いた音
2　ロボットが速く弾く美しい音
3　弾いている人がイメージする理想の音
4　「こう弾けば、こんな音が出る」と一般化した音

問題2　次の文章を読んで、質問に答えなさい。答えは、1・2・3・4から最もよいもの
　　　　を一つえらびなさい。

　会社のスペースの使い方が変わってきた。以前は、部や課の間に仕切りがあって、他の　1
部や課の様子がわからないのが一般的だった。しかし、今は仕切りなどはなく、全体が見
えたり、中の様子がわかったりする。また、自動販売機のそばには、飲み物を飲みながら
話し合える場所がある。

　このようなスペースの使い方をした場合、社員同士の意見が言いやすく、他の部や課の　5
人とも自然に交流ができるため、新しいアイデアが出やすいそうだ。

問い　新しいアイデアが出やすいのは、どのようなスペースの使い方をしている会社か。

　　1　課と課の間を壁のようなもので分けている会社
　　2　ドアが閉まっていて、部屋の外から見られないようになっている会社
　　3　自分の席で飲み物がゆっくり飲めるようになっている会社
　　4　仕切りをなくして、人々が自由に話し合えるようになっている会社

問題3　次の文章を読んで、質問に答えなさい。答えは、1・2・3・4から最もよいもの
　　　　を一つえらびなさい。

　　本を読む人が減っている。複雑な情報は動画を見たほうがよくわかるし、今の世の中で 1
は、本を読む能力より電子機器をうまく使う能力のほうが便利で役に立つ。①そういった意
見も聞く。本を読む意味は軽くなっているようだ。
　　今はテレビだけでなく、インターネットでも動画が見られる。世界について昔より多く
の情報が得られるようになった。物事を深く理解するために多くを知ることが絶対に必要 5
なら、②それはありがたいことだ。しかし、私は、情報が多すぎると、逆に物事を正しく
理解できる人が減るように思う。
　　動画は、ただ見ていればよい。何かをしながら見ることも多く、深く考えながら見るこ
とはない。まとめられた情報をそのまま受け取るだけだ。それに対し、本を読むときは必
ず頭を使って考えている。動画を見るときとは違い、読み手は自分から本に向かって働き 10
かけている。③こうすることで、深く考える力が身につくのである。

問1　①そういった意見とは、何か。
　1　本を読む人が、最近になってどんどん減ってきているという意見
　2　本を読む力より、動画や電子機器を使う力のほうが必要だという意見
　3　複雑な情報は、今の世の中では役に立たないだろうという意見
　4　紙で読むよりも電子機器で読んだほうが、理解しやすいという意見

問2 ②それとは、何か。

1　テレビと同じ動画がインターネットでも見られること

2　深く理解するためには、多くを知らなくてはいけないこと

3　世界について多くの情報が手に入るようになったこと

4　世界の人々がインターネットを使うようになったこと

問3 ③こうすることでとは、ここではどういう意味か。

1　頭を使いながら本を読むことによって

2　頭を使って動画を見ることによって

3　よい本を探しに行くことによって

4　まとめられた情報を受け取ることによって

ねこがいるよ。
고양이가 있어.

ああ、いるね。かわいいね！
아~ 있네. 귀엽다!

「ねこが 고양이가」는 말하지 않아도 아니까
말하지 않았어.
이게 생략이라는 거지!

問題1　次の文章を読んで、質問に答えなさい。答えは、1・2・3・4から最もよいもの
　　　　を一つえらびなさい。

　きのう、夏子と由香に会った。会った時からずっと夏子はうれしそうだった。由香と「何　1
かあったの？」と何度聞いてもなかなか教えてくれない。やっと聞き出すと、留学に行っ
ている友達が来週日本に帰ってくると言う。たった一週間しかいないので、その一週間は
アルバイトも全部休んで、ずっとその友達と過ごす予定だそうだ。「大切な一週間だから。」
と言っていた。とてもうれしそうな様子だったので、由香と「恋人なの？」と聞いてみた　5
が、笑っているだけで答えてくれなかった。

問い　「恋人なの？」と聞いてみたとあるが、だれが聞いたのか。
　1　夏子
　2　由香
　3　夏子と由香
　4　私と由香

問題2　次の文章を読んで、質問に答えなさい。答えは、1・2・3・4から最もよいもの
　　　　を一つえらびなさい。

　もう何年も会っていない友人から本が届いた。私が高校時代に大好きだった歌手の写真 1
がたくさん載っている本だ。本屋で見つけて、私のことを思い出して送ってくれたそうだ。
その中に、昔、私たちの町で開かれたコンサートの写真があった。よく見ると、とても小
さいけれど、私と友人らしい人も写っている。なつかしい高校時代のことがたくさん思い
出され、久しぶりに友人の声が聞きたくなった。 5

問い　その中とは、何の中か。
　　1　本屋の中
　　2　届いた本の中
　　3　私の思い出の中
　　4　高校時代の写真の中

問題3　次の文章を読んで、質問に答えなさい。答えは、1・2・3・4から最もよいもの
　　　　を一つえらびなさい。

　新聞には記者の書いた記事だけでなく、投書と呼ばれる文章も載っている。投書を書く　1
のは、新聞を読んでいる読者だ。投書を新聞社に送る時は、普通、書いた人の名前と職業
もつけなくてはいけない。①この職業を「無職」、つまり仕事がないと書くかどうかにつ
いて、いろいろな意見がある。
　②「無職」という書き方を嫌がる人は多い。今は無職でも、以前の職業を使って「元会　5
社員」のように書いて出す人もいる。仕事がないことは能力の低さを表すと感じる人が多
いからのようだ。
　しかし、自分から進んで「無職」と書く人もいる。「主婦」と書くと、「夫のお金で生活
しています」と言っているようで嫌なのだそうだ。「無職」には悪いイメージしかないと思っ
ていたが、そうでもないらしい。　　　　　　　　　　　　　　　　　　　　　　　　10

問1　①この職業を「無職」、つまり仕事がないと書くとあるが、だれが書くのか。
　1　投書を書いた人
　2　新聞社の記者
　3　投書を選んだ人
　4　この文章を書いた人

問2 ②「無職」という書き方を嫌がるのはなぜか。

1 「無職」の人は少ないので、恥ずかしく感じるから

2 「無職」という書き方は、仕事の名前ではないから

3 「無職」と書くと、能力が低い人と感じられるから

4 「無職」なのは今だけで、前は会社員をしていたから

問3 この文章を書いた人の考えと合うものはどれか。

1 「無職」はイメージが悪いので、使わないほうがいい。

2 「無職」は、いいイメージにも悪いイメージにもなる。

3 「無職」と書くより、何も書かないほうがイメージがいい。

4 「無職」より「主婦」と書いたほうがいいイメージになる。

どうして今日はねこがいないの？
왜 오늘은 고양이가 없지?

きっと、今日は寒いからだよ。
틀림없이 오늘은 추위서 그럴 거야.

「なぜ 왜」「どうして 어째서」는 이유를 묻는 질문이야. 「〜から ~니까, ~라서」 외에도 이유를 말하는 방법은 여러 가지가 있어.

問題1 次の文章を読んで、質問に答えなさい。答えは、1・2・3・4から最もよいもの を一つえらびなさい。

　先日の台風で、A町では川の南側のコンクリートの壁が壊れ、町に大量の水が入ってき 1 てしまった。
　A町が浸水してから今日で3日目だ。水が少なくなって、汚れた家の掃除を始めた人も いる。強風で切れた電線の修理が終わり、電気も来るようになった。ところが、今度は水 道から水が出なくなってしまった。水を出すのに電気が必要なマンションの住人、お湯を 5 使いたがった人たちが、同時にトイレやシャワーを使ったため、A町の水道用の水が足り なくなったのだそうだ。

　問い　水道から水が出なくなってしまったのは、なぜか。

　　1　台風で水道用の水が汚れたから
　　2　強風で水道用の電線が切れたから
　　3　水道水を急に大量に使ったから
　　4　電気が来る前に水を使いきったから

問題2 次の文章を読んで、質問に答えなさい。答えは、1・2・3・4から最もよいもの
を一つえらびなさい。

おもちゃ作りセミナーを始めます

間伐材をご存じですか。間伐材とは、山の自然を守るために切られた細い木のことです。
細い木を切ることで、森の中に光が入り、その結果、残った木が太く大きく育って丈夫な
山を作るのです。実は、この間伐材は捨てられてしまうことが多いのです。もったいない
ですね。

そこで、れいわ町では、間伐材を使ったおもちゃ作りセミナーを始めることにしました。
多くの方のご参加をお待ちしています。

詳しい内容はこちらをご覧ください。➡ https://seminar.omocha.reiwa

| 問い | れいわ町がおもちゃ作りセミナーを始めるのは、なぜか。

1 おもちゃで木の温かさを知れば、自然を守ろうという心が育つから
2 木を使ったおもちゃを作れば、山を守るためのお金が集まるから
3 おもちゃ作りのために木を切れば、残った木が太く丈夫に育つから
4 おもちゃ作りで間伐材を利用すれば、木材が無駄にならないから

問題3　次の文章を読んで、質問に答えなさい。答えは、1・2・3・4から最もよいもの
　　　　を一つえらびなさい。

　最近、自転車通勤を始めた。理由はいくつかある。　　　　　　　　　　　　　　　　　　　1

　まず、朝、自転車で走るといい気分だ。道路は混んでいて車は少しずつしか動かないし、
バスの中は人でいっぱいだ。みんな我慢して乗っている。その横を自転車で走っていくと
とても気持ちがいい。

　それに、仕事ではパソコンばかり見ていて、椅子に座りっぱなしだ。自転車に乗れば、5
運動にもなるし、遠くの景色も見るため、目の疲れもとれる。

　だが、何と言ってもレンタサイクルのチェーン店が家と会社のそばにできたことが大き
い。どの店でも借りたり返したりできる。だから、家のそばで乗って会社のそばで返せる
のだ。私の家は坂の上にある。前から自転車通勤をしたいと思っていたが、仕事で疲れた
帰り、坂をのぼることを考えて、あきらめていた。今は片道だけ自転車に乗ることができ 10
るようになった。これからも自転車通勤を楽しもうと思う。

問1　とても気持ちがいいとあるが、なぜか。
　　1　会社に早く着くので、早く仕事を始められるから
　　2　バスや車と違って、通勤のストレスがないから
　　3　自転車からバスの中の様子がよく見えるから
　　4　走りながらきれいな風景が見られるから

問2　「私」はどんな仕事をしているか。

　　1　長い時間パソコンを使う仕事

　　2　レンタサイクルの店の仕事

　　3　一日中体を動かしている仕事

　　4　自転車で物を運ぶ仕事

問3　「私」が自転車通勤を始めた一番の理由は何か。

　　1　自転車に乗ると気持ちがいいから

　　2　渋滞を気にせず通えて、遅刻をしなくてすむから

　　3　体を動かすことができて、健康にいいから

　　4　帰りに自転車で坂をのぼる必要がないから

- 누가 누구에게 썼을까?
- 읽은 사람은 무엇을 해야 할까?

問題1　次の文章を読んで、質問に答えなさい。答えは、1・2・3・4から最もよいもの
を一つえらびなさい。

これは友達から届いたメールである。　　　　　　　　　　　　　　　　　　　1

宛　　先：asakoh@xxx.com

件　　名：ちょっとお願い

送信日時：20XX年10月11日15：15

あさこちゃん　　　　　　　　　　　　　　　　　　　　　　　　　　　　　　5

お久しぶり。元気？　今日はお願いがあってメールしてるの。

この前旅行した時に一緒に泊まった旅館のパンフレット、もしまだ持ってたら、

ちょっと貸してもらえない？

あの中に「旅館で結婚式を挙げよう」って記事があったよね？

あれ、もう一度見てみたいんだけど……。　　　　　　　　　　　　　　　　10

実は私、結婚することになったの。

それで、式のことをいろいろ考えなくちゃいけなくて。

具体的になったら連絡するね。ぜひあさこちゃんも来てね。

じゃあ、返信待ってるね！

Yuki　　　　　　　　　　　　　　　　　　　　　　　　　　　　　　　　15

問い　このメールが一番伝えたいことは何か。

1　結婚式に来てほしい。

2　旅館のパンフレットを借りたい。

3　結婚式の会場を一緒に見てほしい。

4　旅館に一緒に泊まってほしい。

問題2　次の文章を読んで、質問に答えなさい。答えは、1・2・3・4から最もよいもの
　　　　を一つえらびなさい。

山田さんの机の上に、原山係長からのメモが置いてあった。　　　　　　　　　　　　　1

山田さんへ

資料を見ました。

　直してほしいところにチェックを入れておいたので、直してから、2部コピーして
ください。1部はA社の加藤さんにすぐ渡せるように封筒に入れて、もう1部と元　　　5
の資料は私の机に戻してください。

　加藤さんは15時ごろ会社にいらっしゃいます。私が戻る前に加藤さんがいらっ
しゃったら、資料の入った封筒をお渡しして、お待ちいただき、私に電話をください。
よろしくお願いします。

　　　　　　　　　　　　　　　　　　　　　12月5日（水）9：30　原山　　　　　10

問い　山田さんがしなければならないことは何か。

1　資料を読んで、直したほうがいいところにチェックを入れる。

2　資料を見て、チェックがあるところを直してからコピーする。

3　資料のうち一つを封筒に入れて、もう一つを山田さんの机の上に置く。

4　加藤さんが何時に来たか、原山係長に電話して知らせる。

問題3　次の文章を読んで、質問に答えなさい。答えは、1・2・3・4から最もよいもの
　　　　を一つえらびなさい。

学校のホームページに、きのう次のようなお知らせがあった。

台風20号についてのお知らせ

　台風20号が近づいてきたため、明日次のような場合には休みとします。
　午前7時に山川行きのバスが運転を中止していた場合、あるいは、大浜市内に大雨
警報が出ていた場合は、午前中の授業を休みとします。午前11時に同じ状況であっ
た場合、午後の授業を休みとします。
　明日の午前7時と11時の状況は、このホームページでもお知らせする予定です。

問い　明日の学生の行動で、正しいものはどれか。
　1　午前11時に大浜市に大雨警報が出ていなければ、午後から学校に行く。
　2　山川行きのバスが動いていたら、雨に関係なく学校に行く。
　3　午前7時に山川行きのバスが動かなかったら、午前は学校に行かない。
　4　午前7時に大浜市に大雨警報が出ていたら、午前も午後も学校に行かない。

問題4　次の文章を読んで、質問に答えなさい。答えは、１・２・３・４から最もよいもの
　　　　を一つえらんでください。

A高校の自転車置き場に、このお知らせが貼ってあった。

自転車置き場についてのお知らせ

（１）学生のみなさんへ

・自転車に学校のシールが貼ってあるものだけが、ここに置けます。

・シールをもらうには、事務室に「自転車通学申込書」を出し、認められる必要
　があります。学校から家まで２キロ以上の人だけが申し込めます。

・シールは卒業まで使えます。

　　＊　シールのない自転車は置けません。

（２）用事があって来られた方へ

・置き場の中の「来客用」と書いてあるところに置いてください。

問い　この自転車置き場に自転車が置けないのは、どの人か。

1　A高校に用事があって来た、A高校の学生の母親

2　学校のシールを貼った自転車に乗ってきた１年生

3　A高校から1.5キロ離れた家に住んでいる２年生

4　１年生の時に自転車通学が認められた３年生

問題1 次の文章を読んで、質問に答えなさい。答えは、1・2・3・4から最もよいものを一つえらびなさい。

友達との関係がうまくいかないとき、どうしますか。　1

うまくいかなくなるのは、自分とその人の「向いている方向」が変わったときです。例えば、同じ趣味の人とは自然に仲良くなりますが、お互いの「向き」が変われば、関係も変わるでしょう。このとき、無理に相手の「向き」を変えようとすると、関係は悪化します。それより、楽しく一緒に過ごせたことに感謝して、静かに離れたほうがいいのではないでしょうか。時間が経てば、また「同じ方向」を向く日も来るかもしれません。　5

問い　この文章を書いた人の意見として、正しいものはどれか。

1　友達とうまくいかなくなったら、無理につきあいを続けなくてもいい。
2　友達とうまくいかなくなったら、相手より自分のほうが変わればいい。
3　友達とうまくいかなくなっても、相手へ感謝を伝えることが大切だ。
4　友達とうまくいかなくなっても、時間が経てば、いい関係に戻るはずだ。

問題2　次の文章を読んで、質問に答えなさい。答えは、1・2・3・4から最もよいもの
　　　を一つえらびなさい。

政府は人口が減ることを問題だと考え、さまざまな政策をとってきた。　　　　　　　1

　子供が多い家庭を経済的に助ける、小さい子供のいる夫婦が仕事を休みやすくする、な
どだ。すべて、子供がいる人に対する政策である。しかし、子供は両親二人だけでなく、
社会全体で育てていくものだ。子供がいない人も子育てに協力できるシステムがあれば、
子供は育てやすくなるに違いない。　　　　　　　　　　　　　　　　　　　　　　　　5

　国民の多くが参加できる子育て政策ができれば、人口が減るのも止められるだろう。

問い　この文章を書いた人が一番言いたいことは何か。

　1　子供の少なさは問題ではないと政府は気づくべきだ。

　2　子供のいない人も子供のいる幸せに気づくべきだ。

　3　両親の働き方を楽にするための政策が必要だ。

　4　子供がいない人も協力できる政策が必要だ。

問題3　次の文章を読んで、質問に答えなさい。答えは1・2・3・4から最もよいものを
　　　　一つえらびなさい。

　A高校の生徒の春子さんは、生まれた時から髪が茶色だが、今は黒く染めている。学校 1
の規則で髪の色は黒と決まっているからだ。A高校は規則が多い。スカートは膝までの長
さ、靴は革靴、などだ。服装検査の日があって、規則を破ると学校に入れない。髪が茶色
い春子さんは、服装検査の日に学校の門で帰されてしまった。それで、髪を黒く染めたの
である。 5

　①なぜこのように多くの規則があるのだろう。それは、この学校には「外見がきちんと
していないと、きちんとした人間になれない」という考え方があるからだ。

　しかし、本当にそう言えるのだろうか。規則の少ない高校の先生に聞くと、勉強や生活
で②他の学校と違う点はないと言っていた。規則が少なくても問題はないそうだ。

　春子さんは髪を染めたせいで頭がかゆくなったが、学校に通うために我慢している。何 10
のため、だれのための規則なのか、もう一度考えるべきではないだろうか。

問1　春子さんの学校には①なぜこのように多くの規則があるのか。
　1　髪の色は、茶色より黒いのが普通だと考えられているから
　2　きちんとした人になるためには外見も大切だと考えられているから
　3　規則が多ければ多いほど、素晴らしい人間になると考えられているから
　4　規則を守らない人は、勉強ができないと考えられているから

問2 ②他の学校とはどのような学校か。

1 小学校や中学校

2 A高校以外の高校

3 規則が多い高校

4 規則が少ない学校

問3 この文章を書いた人が一番言いたい意見は何か。

1 髪を染めると頭がかゆくなるので、髪を染めないほうがいい。

2 きちんとした人間になるために、外見をきちんとするべきだ。

3 規則を守っているかどうか確かめる方法を、もっと考えるべきだ。

4 学生にとって本当に必要かどうか考えて、規則を決めるべきだ。

8回

説明文 설명문

- 무엇에 대해 써 있을까?
- 그것은 어떤 것인가? 어떤 일인가?

問題1 次の文章を読んで、質問に答えなさい。答えは1・2・3・4から最もよいものを一つえらびなさい。

　日本では、移動に電車をよく使う。1日に何時間も電車に乗る人もいる。乗っている間 [1]
はスマホで音楽を聞いたり、ニュースを見たり、ゲームをしたりする人が多い。最近では、
電車の中で運動できるアプリができたそうだ。乗る駅と降りる駅、車内での位置を入力す
ると、つり革などを使った運動を紹介してくれる。混んでいる電車の中でそんなことをし
たら、他の客が文句を言ってトラブルが起きそうだが、驚いたことに<u>そのアプリを配信し</u> [5]
<u>ているのは鉄道会社だ</u>ということだ。

問い　そのアプリを配信しているのは鉄道会社だとあるが、どのようなアプリか。

1　電車の位置がわかるアプリ
2　電車の乗り換え駅がわかるアプリ
3　電車の運転ゲームができるアプリ
4　電車の中で運動ができるアプリ

問題2　次の文章を読んで、質問に答えなさい。答えは、1・2・3・4から最もよいもの
　　　　を一つえらびなさい。

　同じ年齢の子供が同じ部屋に集まって先生に教えてもらうという今の学校の形は、19
世紀に始まった。それまでは、同じ部屋で勉強していても、勉強の内容は別々で、子供の
年齢もいろいろだった。子供によって必要な知識が違ったからだ。ところが、19世紀に
なると、物は工場で作られるようになり、工場で働く人が必要になった。字が読め、数が
数えられる人を大勢集める必要が生まれたのだ。それで、同じ年齢の子供を集め、全員に　5
同じ内容を教えるようになったのである。

　問い　今の学校の形は、19世紀に始まったとあるが、それはなぜか。
　　1　19世紀に、同じ年齢の子供を集めるのが簡単になったから
　　2　19世紀に、子供によって必要になる知識が違ってきたから
　　3　19世紀に、教育を受けた人が工場で大勢必要になったから
　　4　19世紀に、工場で働く人が字や数を知りたがったから

問題3　次の文章を読んで、質問に答えなさい。答えは、1・2・3・4から最もよいもの
　　　　を一つえらびなさい。

　AIは多くの分野で使われている。いつ、どこで道路が混雑するかの予想や、古い橋や　1
道路が危険かどうかのチェック、つまり点検などもその例だ。点検は普通、人間が目で見
て確かめてから、問題のあるところを触ったり、たたいたりして詳しく調べるが、その仕
事をAIにさせるのだ。人間が見本を示しながらAIを教育すると、間違いのない仕事を
するようになるという。　　　　　　　　　　　　　　　　　　　　　　　　　　　　5
　カメラを使うのも効果的だ。自動車につけたビデオカメラで道路の様子を撮ると、AI
がそれを見て問題のあるところを見つけてくれる。人が歩いて道路を確認するよりずっと
正確で速い。AIの能力はどんどん高くなっていて、人間を超える日も近いそうだ。
　忘れたり失敗したりしないAIだが、人間以上になった時、何を始めるかは予想できな
いらしい。注意しながら研究する必要があるということだ。　　　　　　　　　　　　10

問1　AIに関して、この文章に書かれていることはどれか。
　1　AIは、道路の混雑をなくしてしまうことができる。
　2　AIは、道路の修理ができるように人を教育してくれる。
　3　AIは、道路に危ないところがあるかどうか調べてくれる。
　4　AIは、橋や道路を点検しなくてもいいものに変えられる。

問2 それとは何か。

1 自動車から撮った道路の様子

2 自動車が走る前の道路の様子

3 人間がチェックした古い橋や道路

4 人間がAIに見せた見本

問3 この文章の内容と合うものはどれか。

1 AIは役に立つが、将来、人間が困ることを始めるかもしれない。

2 AIを将来まで使い続けるには、写真を研究しなくてはいけない。

3 AIは、能力が高くなりすぎると、間違いのない仕事をしなくなる。

4 AIの能力が人間以上になる前に、AIの研究をやめるべきである。

■**長文** 장문

> • 지금까지 배운 핵심 포인트를 떠올려 보자.
> • 글의 흐름을 잡아 보자.

問題1 次の文章を読んで、質問に答えなさい。答えは、1・2・3・4から最もよいものを一つえらびなさい。

ここ数年、祭りが人気だ。観光客でもその場にいれば参加した気分になれたり、伝統的 1
な雰囲気が味わえたり、屋台の食べ物なども楽しめたりする。その様子がSNSで発信されることで、有名な祭りだけでなく、小さな町の伝統的な祭りも注目されるようになった。
①山田町もそのような祭りを続けている町の一つである。

人気が出るのはいいことだ。地元の店を利用する客も増えて経済的にプラスになる。長 5
年、祭りを続けてきた山田町の人たちは②そう考えていた。ところが今年、ある町では人が集まりすぎて小さい橋が壊れ、祭りが中止になってしまった。別の町ではゴミや安全面が問題となり、客から文句が出たそうだ。時間もお金もかけて準備したのに、予想とは逆に悪い評判ばかりが広がってしまう町もあった。そのため、山田町では③祭りをやめようという意見が出てくるようになったそうだ。今、こういう町が増えている。 10

しかし、祭りは何のために行うのだろう。経済的なメリットだけが理由なのだろうか。住民が協力して祭りを準備する、そのこと自体が町にとっての貴重な文化だと私は思う。中心となる人だけでなく、子供も、引っ越してきた新しい住人も一緒に活動すれば、町の住人としての仲間意識が強くなり、「いい町を作っていこう」という気持ちも高まる。これは、町にとって一番大切なことではないか。観光客のためではなく、自分たちのための 15
祭りに戻るのもいいのではないだろうか。

問1 ①山田町はどのような町か。

1　有名な祭りを行っている町

2　昔から祭りを続けている小さな町

3　SNS で積極的に発信をしている町

4　観光に来る客が昔から多い町

問2 ②そう考えていたとは、ここではどういう意味か。

1　祭りをしている町は、必ず有名になると考えていた。

2　町の経済がよくなれば、祭りも有名になると考えていた。

3　新しい祭りを始めれば、町の人気が高くなると考えていた。

4　祭りで人が集まれば、町の経済がよくなると考えていた。

問3 ③祭りをやめようという意見が出てきたのは、なぜか。

1　祭りについて、町の悪い評判が広まってしまったから

2　予想しなかったような悪い結果になる場合もあるから

3　ゴミや安全面の問題を解決する方法が見つかっていないから

4　町の中にある橋がいつ壊れるか、だれにもわからないから

問4　この文章を書いた人が一番言いたいことは何か。

1　大人だけでなく、子供にとっての祭りの効果を考えたい。

2　祭りに来る客ではなく、住民にとっての祭りの効果を考えたい。

3　経済効果だけでなく、客が楽しめるかどうかを考えるべきだ。

4　いい評判だけでなく、悪い評判についても考えるべきだ。

- 무엇을 알고 싶은가?
- 그 정보는 어디에 있나?

問題2　次のページは、アルバイト募集の広告である。これを読んで、下の質問に答えなさい。答えは、1・2・3・4から最もいいものを一つえらびなさい。

問1　木下さんは午後5時から9時まで働ける。そして交通費が欲しい。働ける日は火・木・土・日である。木下さんの希望に合うのはどれか。

1　B

2　D

3　F

4　H

問2　山本さんはコンピュータと英語が得意で、コンピュータか英語が使える仕事を探している。1つの職場で週に4日以上働きたいと思っている。午後6時までしか働けない。山本さんの希望に合うアルバイトはいくつあるか。

1　1つ

2　2つ

3　3つ

4　4つ

アルバイト募集

A　焼肉屋のキッチンスタッフ

時給 1,400 円・交通費支給

週 2 〜 3 日、1 日 4 時間以上

未経験 OK（初めてでも大丈夫です）

勤務可能時間 18：00 〜 24：00

B　スポーツジムの受付

時給 1,500 円・交通費一日 500 円まで

週 2 日から OK、1 日 6 時間以上

未経験 OK（親切に教えます）

勤務可能時間 9：00 〜 22：00

C　オフィスでのお仕事です

時給 1,600 円〜・交通費支給

週 1 日から。1 日 5 時間

コンピュータができる方

勤務可能時間 10：00 〜 16：00

D　輸入会社での事務

時給 1,600 円〜・交通費支給なし

週 2 日（火・金）。1 日 3 時間以上

コンピュータと英語が得意な方

勤務可能時間 10：00 〜 17：00

E　英会話教師

時給 2,500 円〜・交通費支給なし

週 4 日以上　1 日 2 時間以上

英語が話せる方

勤務可能時間 12：00 〜 21：00

F　レストランのキッチンスタッフ

時給 1,400 円・交通費支給

週 2 〜 3 日、1 日 3 時間以上

未経験 OK（初めてでも大丈夫です）

勤務可能時間 10：00 〜 24：00

G　コンビニスタッフ

時給 1,200 円・交通費支給なし

週 2 日から OK、1 日 4 時間以上

未経験 OK（親切に教えます）

勤務可能時間 9：00 〜 22：00

H　洋服店の店員

時給 1,500 円・交通費支給なし

火・木・金・土　1 日 7 時間

未経験 OK

勤務可能時間 10：00 〜 20：00

■長文 장문

問題 1　次の文章を読んで、質問に答えなさい。答えは、1・2・3・4から最もよいもの
　　　　を一つえらびなさい。

　会社に入ったばかりのころ、飲み会があると、先輩から「何がいい？」「店はどこがいい？」 1
といった質問をされた。私は何も知らなかったので、いつも「お任せします」と言ってい
た。先輩の選んだものは間違いないと信じていたからだ。

　ところが、最近、自分が質問する側になってわかった。「お任せします」と言われるの
は大きなストレスなのだ。こんな答えをもらっても、結論を出すために必要な情報が手に 5
入らず、困ってしまう。私も同じ答えをしていたのだから、きっと先輩には①迷惑をかけ
たと思う。今なら、こんな返事はしない。

　また、この表現の使い方や受け取り方は、人によって違うことにも気がついた。「②私の
ことを信じて任せてくれるのだ」と喜ばれるだろうと思って私は使っていたのだが、「③私の
質問にちゃんと答えようという気持ちがない」と怒る人もいるようだ。驚いたのは、「④私に 10
は考える時間も自信もないからお任せするけれど、ちゃんと私が満足するように選んでね」
という意味で使う人もいることだ。こういう人は、あとになってから、「⑤これじゃない
ほうがよかった」などと言う場合もある。言われた人は、「任せると言ったじゃないか！」
と怒りたくなるだろう。

　立場が変わって、やっと気がつく。世の中、そんなことも多い。 15

問1 ①迷惑をかけたとあるが、それはなぜか。

1 「何がいい？」という質問を、先輩に何度もさせたから

2 だれに「何がいい？」と聞けばいいか、先輩を迷わせたから

3 先輩に選びたいものがあったのに、それが選べなくなったから

4 何を選べばいいか、先輩にとって結論が出しにくくなったから

問2 ②③④の「私」は、次の（A）（B）のどちらを指すか。

（A）何がいいか質問した人　　（B）「お任せします」と答えた人

1 ②③④全部が（A）

2 ②③④全部が（B）

3 ②③が（A）、④が（B）

4 ③が（A）、②④が（B）

問3 ⑤これじゃないほうがよかったとは、ここではどういう意味か。

1 「何がいい？」と質問したのは間違っていた。

2 「お任せします」と答えたのは間違っていた。

3 自分で選んだ結果に満足できない。

4 相手が選んでくれた結果に満足できない。

問4 この文章を書いた人について正しいものはどれか。

1 この人はもう「お任せします」とは答えない。

2 この人は最近、「お任せします」と何度も答えた。

3 この人はもう「何がいい？」とは聞かない。

4 この人は最近、「何がいい？」と聞かれるようになった。

問題2　次のページは遊園地のチケット案内である。これを読んで下の質問に答えなさい。
　　　　答えは、1・2・3・4から最もよいものを一つえらびなさい。

問1　前田君は16歳だ。2月1日の14時に同級生の彼女と一緒に遊園地に行って、乗り物
　　　に5回乗りたいと思っている。できるだけ安く遊ぶには、2人でいくら払えばいいか。
　　　1　4,000円
　　　2　6,000円
　　　3　8,200円
　　　4　8,600円

問2　花村さん（35歳）は、妻（32歳）、娘（8歳）、息子（5歳）と一緒に4人で遊園地に行っ
　　　て一日中遊ぼうと思っている。2月16日の10時に行って乗り物に6回以上乗る場合、
　　　できるだけ安く遊ぶには4人でいくら払えばいいか。
　　　1　6,200円
　　　2　8,600円
　　　3　15,100円
　　　4　17,100円

チケットのご案内

目的別のチケットをご用意しております。（開園時間：9 時〜 21 時）

	大人 （18 〜 64 歳）	12 〜 17 歳	6 〜 11 歳	3 〜 5 歳	65 歳以上
ワンデーパス （入園＋乗り物 **乗り放題**）	5,000 円	4,300 円	3,800 円	3,300 円	2,500 円
入園料 （乗り物料金は 入りません）	2,000 円	1,600 円	1,100 円	1,100 円	1,000 円
ナイトパス[※] （入園＋乗り物 **乗り放題**）	3,000 円	2,000 円	1,800 円	1,800 円	1,500 円
ナイト入園料[※] （乗り物料金は 入りません）	1,600 円	1,000 円	500 円	500 円	500 円

※ナイトパス・ナイト入園料は **16 時**からご利用になれます。

0 〜 2 歳はすべて無料

乗り物 1 回 600 円　（3 歳以上同一料金）

＊乗り放題チケットで乗り物に何回でも乗れます。

ご家族様向けキャンペーン

小さなお子様とご一緒のご家族様向けのお得な料金！

3 〜 5 歳のワンデーパスを 1 枚買うと、大人 2 名様までワンデー
パスが **1 名様 4,000 円になる**お得な料金キャンペーンです！

バレンタインキャンペーン

特別な 1 日をお得に楽しめる、バレンタイン期間だけのワンデーパ
ス（ペア・チケット）！　**カップルの 2 名様で 6,000 円です。**

（期間 **1 月 14 日〜 2 月 14 日**）

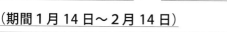

■**長文** 장문

問題1　次の文章を読んで、質問に答えなさい。答えは、1・2・3・4から最もよいもの
　　　　を一つえらびなさい。

　スーパーでアルバイトをしているＡさんは、気になっていることがあるそうだ。「私が
働いているスーパーでは、数時間おきにお弁当などを捨てなければいけないんです。腐ら
ないように冷蔵コーナーに置いてあって、5分前までは500円で売っていたお弁当ですか
ら、まだ食べられます。それを捨てる時には残念な気持ちになります。」と言う。お弁当
に書かれた消費期限が近いために、①そのようなことをするのである。消費期限というの
は、食べ物が安全に食べられる期限を表しているが、その時間が過ぎても、突然食べ物が
腐るわけではない。しかし、スーパーなどではその時間が近くなると商品を捨ててしまう
そうだ。

　Ａさんは続けた。「例えばスーパーで前日に買って、食べるのは翌日の昼という人は多
いと思います。でも、スーパーでは②その時間にはその商品は売られていないんです。」
また、Ａさんはこう言った。「特に③悲しくなるのは行事があった後です。例えばクリスマ
ス当日には、ケーキがよく売れますから、スーパーではいつもよりたくさんケーキをお店
に並べます。当日はよく売れますが、全部が売れることはありません。だから消費期限が
近くなると、とてもたくさんのケーキを捨てなければならないのです。」

　確かに時間が経てば、安全だと言い切るのは難しいかもしれない。でも、本当にそれを
全部捨てなければならないものなのだろうか。

問1 ①そのようなこととは何を指しているか。

1 数時間おきにお弁当を捨てること

2 お弁当が腐らないように冷蔵コーナーに置くこと

3 お弁当を500円で売ること

4 お弁当をおいしく食べられなくすること

問2 ②その時間は何を指すか。

1 スーパーで商品を買う時間

2 スーパーで買った商品を食べる時間

3 商品に書かれた消費期限の時間

4 商品が安全に食べられる時間

問3 ③悲しくなるとあるが、それはなぜか。

1 行事に関係のあるものが売れないから

2 行事に関係のあるものしか店にないから

3 行事に関係のあるものがたくさん捨てられるから

4 行事に関係のあるものばかりがよく売れるから

問4 この文章を書いた人の意見は次のうちのどれか。

1 消費期限内に食べ物を全部売ってしまったほうがいい。

2 消費期限内の食べ物だけを買うべきである。

3 消費期限が近い食べ物を先に買ったほうがいい。

4 消費期限が近くても、すぐに食べ物を捨てる必要はない。

問題2　右のページは、写真コンテストの案内である。下の質問に答えなさい。答えは、
　　　　1・2・3・4から最もよいものを一つえらびなさい。

問1　田中さんは写真を撮り始めてから3週間である。この会社のカメラで青い電車の写真
　　　が1枚うまく撮れたので、この写真をコンテストに出したいと考えている。今日は1月
　　　3日である。田中さんが作品を出せるのはどれか。
　　1　年間コンテストの一般コースだけ
　　2　1月第2週の週間コンテストだけ
　　3　1月第2週の週間コンテスト、年間コンテストの初心者コースの両方
　　4　1月第2週の週間コンテスト、年間コンテストの初心者コースのどちらか

問2　木村さんは経験10年のプロの写真家で、この会社のカメラを使っている。今日は
　　　1月3日である。賞品のワイングラスが欲しい場合、どのように作品を出せばいいか。
　　1　1月の週間コンテストに出す。
　　2　2月の週間コンテストに出す。
　　3　年間コンテスト初心者コースに出す。
　　4　年間コンテストの一般コースに出す。

カメラ会社 Q 社の写真コンテスト
〜たくさんの作品をお待ちしています♪〜

（1）週間コンテスト（どんなカメラで撮った写真でも OK！）

毎週水曜日までにその週のテーマの作品を出してください（1人1作品までですが、別の作品なら毎週続けて出せます）。

➡ 次の水曜日に入賞者各3人を発表します。賞品はマグカップです。

1月のテーマは「色」

- 1月第1週：白（1/6 まで）
- 1月第2週：青（1/13 まで）
- 1月第3週：黒（1/20 まで）
- 1月第4週：赤（1/27 まで）

＊週間コンテスト入賞作品の中から毎月1作品を「月間賞」に選び、次の月の最初の土曜日に発表します。1月の月間賞の賞品はワイングラスです。

＊2月のテーマは「雪」（朝の雪、昼の雪、夕方の雪、夜の雪）です。2月の月間賞の賞品はペンケースです。

（2）年間コンテスト（Q 社のカメラで撮った写真を出してください）

今年のテーマは「乗り物の写真」で、賞の発表は来年の1月1日です。10月31日までに出してください（1人1作品）。A）B）の両方に出すことはできません。

A）初心者コース（写真撮影の経験1年以内の方）
➡ 初心者大賞10作品を発表します。賞品はワイングラスです。
B）一般コース（初心者コース以外の方）
➡ 大賞1作品を発表します。賞品は当社の新製品のカメラです。

【注意】（1）週間コンテスト、（2）年間コンテスト、の両方へ出す場合、別の写真でお願いいたします。

■**長文** 장문

問題1　次の文章を読んで、質問に答えなさい。答えは、1・2・3・4から最もよいもの
　　　　を一つえらびなさい。

　①有名になった人は大変だ。「あの有名人の子供が警察に捕まった。上手に子育てしな 1
かった親が悪い。」と言って、テレビカメラの前に有名人を連れてきてみんなで謝らせて
いるのを見ると、そう思う。有名人自身が何か悪いことをしたために悪く言われるなら、
理解できる。しかし、子供が警察に捕まるようなことをしたら、それはすべて親のせいな
のか。 5

　学問的に見ると、②親が子供をコントロールできる部分は小さいらしい。ある研究によ
れば、子供の人格は、生まれた時から持っているものと、子供時代の友達関係でほとんど
決まるそうだ。これは、ずっと昔の人間の生活と関係が深い。人間の子供は昔、母親が次
の子供を産むと、親から離れて兄や姉や周りの子供たちと助け合って育っていった。子供
が育つためには、年の近い仲間、つまり友達に受け入れてもらうことが何よりも大切だっ 10
たのだ。こういう歴史があるから、子供は親よりも友達の影響を受ける。

　しかし、一般的には③こんな話を聞かされるより、有名人が悪いと決めてみんなでその
人を悪く言うほうがずっと楽しい。「悪いこと」を批判するのは「いいこと」だから、大
声で悪口が言える。そういうテレビ番組なら、見て楽しいから人気になり、テレビ局はお
金がもうかる。 15

　テレビなどのメディアは、事実を正しく伝えるより、事件をおもしろく伝えて人々を楽
しませるほうが大切だと考えている。私たちはこのことを忘れてはいけない。

問1 ①<u>有名になった人は大変だ</u>とあるが、それはなぜか。

1 有名人は、自分が悪いことをすればテレビで謝ることになるから

2 有名人は、テレビカメラの前で話さなくてはいけないことが多いから

3 有名人は、子供が悪いことをすればすぐテレビで謝らされるから

4 有名人は、子供が警察に捕まってしまうことが多いから

問2 ②<u>親が子供をコントロールできる部分は小さい</u>とあるが、なぜか。

1 子供の人格は、親でなく兄や姉によって決まってしまうから

2 子供は、親よりも周りの子供の影響を受けて育つから

3 親よりも子供のほうが、新しいものを受け入れやすいから

4 子供をコントロールしようと考える親が、減ってきたから

問3 ③<u>こんな話</u>とは何か。

1 子供の人格はどう決まるかという学問的な話

2 子供をどう育てたらいいかという学問的な話

3 人格についての研究がどう進んだかという歴史的な話

4 母親の仕事がどう変わってきたかという歴史的な話

問4 この文章を書いた人が言いたいことは何か。

1 メディアが伝える情報は、正しい事実だけではない。

2 メディアは今、人々を楽しませてくれる大切なものになっている。

3 メディアは、多くの事件をもっと速く伝えるようにしてほしい。

4 事実を正しく伝える方法を、私たちはもっと考えなくてはいけない。

問題2　右のページは、夢雪市雪まつりの案内である。下の質問に答えなさい。答えは、
　　　　1・2・3・4から最もよいものを一つ選びなさい。

問1　松本さん家族の子供たちは雪遊び、父はうどんの食事、母は着物ショーを楽しみにし
　　　ている。どの日程で雪まつり会場に行けば、全員が満足するか。
　　　1　2月1日　昼12時〜午後8時
　　　2　2月1日　夜8時〜2月2日　午前
　　　3　2月2日　午後2時〜午後10時
　　　4　2月2日　夜8時〜2月3日　午前

問2　山口さん夫婦は3歳と7歳の息子、65歳の父の5人で雪まつりに行き、できるだけ
　　　バスを使って3日間楽しむつもりだ。バス代は全部でいくらかかるか。
　　　1　3,000円
　　　2　5,000円
　　　3　9,000円
　　　4　15,000円

第70回　夢雪市の雪まつり

3か所の会場（雪まつり広場、夢雪ホール、夢雪グラウンド）で3日間

お楽しみください。多くの方々のご来場をお待ちしております。

うどん街道

夢雪駅から会場までの道は雪のランプで照らします（18時〜23時）。街道のうどん店の営業時間は11時〜23時（3日は9時〜15時）です。

スタンプラリー

雪の芸術作品の前に置いてあるスタンプを10個集めると、楽しい記念品がもらえます。

雪めぐりバス

夢雪駅・市役所・会場を結ぶバスです。

1日1,000円。小学生以下無料。20分に1本の間隔で3日間運行。チケットは夢雪駅や市役所などの雪まつり案内所で販売します。

イベントスケジュール

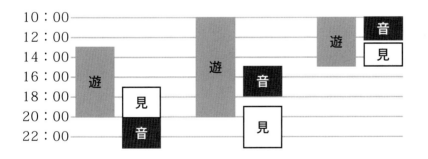

2月1日（金）　2日（土）　3日（日）

お問い合わせ
雪まつり実行委員会事務局

Tel：023-456-8900

受付時間：8：00〜17：15
詳しくはWebサイトまで

https://snow.fes.yume.jp/

遊【雪まつり広場】

雪まつり広場で、雪遊びをいろいろ体験できます。予約不要。直接広場へ。プログラムは雪まつり案内所やWebサイトで見られます。

音【夢雪ホール】

1日はジャズ、2日はポップス、3日はクラシックのコンサート。会場は夢雪ホール。チケット発売中（→夢雪ホールか雪まつりWebサイトへ）。

見【夢雪グラウンド】

1日は着物ショー、2日は花火、3日は動物ショー。無料イベント。直接、夢雪グラウンドへ。

模擬試験

모의시험

問題1　次の文章を読んで、質問に答えなさい。答えは、1・2・3・4から最もよいもの
　　　を一つえらびなさい。

（1）

　近くの動物園にもうすぐ珍しい動物がやって来るらしい。この動物が快適に過ごせるよ
う、新しい建物もつくるそうだ。

　しかし、私は、動物が珍しいかどうかを問題にすることに反対だ。世の中の動物を「珍
しい動物」と「普通の動物」に分け、普通の動物の価値を軽く見るという考えにつながる
からだ。

　お金をかけるなら、どの動物もストレスなく、自然と同じような環境で暮らせるように、
動物園全体を見直してみてはどうだろうか。

1　動物園について、「私」はどのように考えているか。

　1　動物園のどの動物にも、住みやすい環境を作ってあげるべきだ。

　2　「普通の動物」がいれば十分で、「珍しい動物」が動物園にいる必要はない。

　3　「珍しい動物」には価値があり、「普通の動物」には価値があまりない。

　4　どの動物にもストレスがあるはずだから、動物園は調べてみるべきだ。

（2）

　油には、体を作るために必要なものも入っている。これはＡとＢの２種類に分けられ、健康<ruby>健康<rt>けんこう</rt></ruby>のため、ＡとＢをバランスよく（注1）とらなくては（注2）いけない。Ａは肉やお菓子<ruby>菓子<rt>かし</rt></ruby>などに入っていて、とりすぎになりやすい。料理によく使われる植物油にもＡが多く入っている。

　一方、Ｂは魚に多く入っている。日本人は昔ほど魚を食べなくなったため、Ｂがとりにくくなって、ＡとＢのバランスが悪くなっている。

　健康<ruby>健康<rt>けんこう</rt></ruby>のため、<u>油のとり方</u>に気をつけよう。

（注１）バランスよく：ちょうどいい割合で

（注２）とる：体の中に入れる

2　<u>油のとり方</u>について、日本人はどう気をつけたらいいのか。

　1　油の多い肉や魚を食べないようにする。

　2　肉を減らして、植物油を使うようにする。

　3　肉や魚だけでなく、野菜も食べるようにする。

　4　肉やお菓子<ruby>菓子<rt>かし</rt></ruby>を減らして、魚を食べるようにする。

（3）

これは ABC 旅行から中田エリーさんに来たメールである。

宛　先：eriyam@xxx.com

件　名：ご予約を受け付けました

送信日時：20XX 年 11 月 1 日 12:20

中田エリー様

ABC 旅行です。ツアーのご予約ありがとうございます。

【申込番号】　111902-72

下の URL でご予約内容（お名前・日程）をご確認後、旅行代金をカードでお支払い

ください。1 週間以内にお支払いがない場合、予約は取り消されます。

https://abctrip.com/payment/72

（初めて申し込まれた時のパスワードが必要です。）

※お取り消しやご質問は、電話でお願いいたします。

ABC 旅行：03-3344-45XX

営業時間：10：00 ～ 19：00（平日）10：00 ～ 18：30（土日祝）

3　このメールを受け取った中田さんは、何をしなくてはいけないか。

1　旅行代金を確認するために、ABC 旅行に電話しなくてはいけない。

2　ABC 旅行のサイトに入るために、パスワードを決めなくてはいけない。

3　ABC 旅行のサイトで予約を確かめて、お金を払わなくてはいけない。

4　旅行の日程を決めて、ABC 旅行のサイトに書かなくてはいけない。

（4）

これはマンションの管理事務所からマンションの住人に届いたお知らせである。

20XX 年 11 月 27 日

○○マンション管理事務所

℡：03-1234-55XX

乗らなくなった自転車をお持ちの方へ

　管理事務所では、マンションの自転車置き場を広くきれいに使うため、乗らなくなった自転車を集めて NPO 団体に差し上げることといたしました。

　協力してくださる方は、申込書に、自転車の台数、部屋番号、お名前を書いて、12 月 14 日までに管理事務所までお出しください。申し込まれた方には、のちほど、自転車を出していただく場所をご案内します。

　皆様のご理解とご協力をお願いいたします。

모의
시험

4　このお知らせは、住人に何をするように連絡しているか。

1　自転車置き場にある乗らない自転車は、12 月 14 日までに捨てる。

2　自転車を NPO 団体にあげたい人は、12 月 14 日までに申し込む。

3　自転車を利用している人は、その台数を管理事務所に届ける。

4　NPO 団体に自転車をあげたい人は、自転車置き場に集まる。

問題2　次の文章を読んで、質問に答えなさい。答えは、1・2・3・4から最もよい
　　　　ものを一つえらびなさい。

（1）
　　一戸建てが売れなくなったという。原因の一つが独身の人の増加だ。値段が同じなら、
独身の人は狭くても便利なマンションを選ぶことが多い。
　　①この状態を変えたいと思ったある不動産会社 (注1) が、モデルハウスに家族をつけた。
モデルハウスとは、客に見せるために建てられた家のことだ。客が予約をしてその家に行
くと、家族の役をする (注2) 人たちが待っている。例えば客が男性なら、妻と娘の役をす
る人たちがいて、一緒に1時間過ごせるのだ。つまり、②家族つきのモデルハウスである。
　　この会社は、家族と過ごす時間を体験することで、独身の人にも家族と暮らす幸せを感
じてみてほしいという。このモデルハウスをおもしろいと感じる人は多く、すぐに予約が
いっぱいになったらしい。一方で、結婚したら一戸建てを持たなければいけないのかと、
気分が重くなった人もいるそうだ。
（注1）不動産会社：家や土地などを売ったり貸したりする会社
（注2）〜の役をする：〜になったつもりで行動する

5　　①この状態とは、どんなことか。
　1　独身の人が忙しすぎて結婚しないこと
　2　独身の人が増えて一戸建てが売れないこと
　3　マンションの広さが一戸建てより狭いこと
　4　値段が高すぎて一戸建てが売れないこと

6 　②家族つきのモデルハウスについて、正しいものはどれか。

　　1　本当でない家族が、一戸建てで暮らす幸せを感じさせてくれる。

　　2　本当のような家族に、一戸建ての便利さを説明してもらえる。

　　3　自分の家族と、本当の一戸建てで暮らしてみることができる。

　　4　自分と結婚する人と、一戸建てに泊まってみることができる。

7 　このモデルハウスに対する考え方として、文章中に書かれているものはどれか。

　　1　このモデルハウスはおもしろいと言う人が多すぎて、嫌だ。

　　2　家族でない人と一緒に過ごさなければならないのは、気持ちが悪い。

　　3　結婚する人は一戸建てが必要だと言われているようで、嫌だ。

　　4　家族と一緒に過ごすのは、面倒くさくて気分が重い。

（2）

　短い時間で学生にいろいろ教えて覚えさせる教育は、今も広く行われている。しかし今では、インターネットで調べればいつでも楽に正しい情報が手に入る。覚える力は昔ほど重要とされなくなった。①教育も変化してきている。

　ある小学校は一人一人の子供の特別なところや他（ほか）の人と違（ちが）うところ、つまり子供の個性を大切にしようと考えた。そして、②次のような方法で教育を始めた。年（とし）の違（ちが）う子供たちが同じ教室で学ぶ。何を学ぶかは子供が自分で選び、相談しながら進めるようにする。子供がどんな学びをしたのか、成績は一人一人の子供が書いた文章（ぶんしょう）で決めるのだ。

　しかし、このような成績の出し方には時間も手間もかかる（注）。成績の結果に文句（もんく）を言う親もいるだろう。子供の個性を大切にするのはいいが、教育を行う先生が大変になりすぎないように気をつけなくてはいけない。

（注）手間がかかる：しなくてはいけないことが多すぎる

　8　①教育も変化してきているとあるが、それはなぜか。

　　1　子供たちはインターネットが好きになったから

　　2　子供たちにとって大切な力が変わってきたから

　　3　子供たちの覚える力が低くなってきたから

　　4　子供たちが正しい答えを出せなくなったから

9 ②次のような方法とは、どのような学び方か。

1　子供が、一人の先生に相談して助けてもらいながら学ぶ。

2　子供が、他の友達と違うところを見つけるために学ぶ。

3　子供が、文章を書いてから友達に読んでもらって学ぶ。

4　子供が、これから何を学びたいか自分たちで決めて学ぶ。

10 この文章を書いた人の意見として、正しいものはどれか。

1　個性を大切にする教育は、先生の大変さを少なくできるいい方法だ。

2　個性を大切にして教育をするなら、先生の大変さも考えたほうがいい。

3　個性を大切にする教育でいい結果を出すには、もっと時間が必要だ。

4　個性を大切にすると、教育の結果がわかりにくくなるのでよくない。

모의
시험

問題3　次の文章を読んで、質問に答えなさい。答えは、1・2・3・4から最もよい
　　　　ものを一つえらびなさい。

　ある会社が「①あなたの家にビデオカメラを1か月置かせてください。お礼に20万円
お支払いします」という広告を出した。カメラを家の中に何台も置き、録画(注)もする。
ただし一日8時間家にいれば、他の時間は出かけてもいいという。
　この会社は、人間の生活を撮ったデータが売買できるのか調べたいと考えて、広告を出
したそうだ。集めたこの生活データは、将来、個人がわからないようにしてから、売った
りインターネットで見られるようにしようと考えているらしい。
　この動画の買い取りには、賛成意見も反対意見もある。賛成の意見は、働かなくても
②簡単にお金が手に入るからいいというものだ。働きたくない人や働きたくても働けない
人が、無収入にならなくてすむ。
　一方、反対の意見は、このようなビデオカメラの使い方は危険だというものだ。例えば、
パソコンを使っている指の動きから、パスワードがわかるなど、本人が気づかないところ
から個人の情報が出てしまうかもしれない。
　しかし、多くの企業が私たちの気づかないうちに生活データを集め、売買している。店
は客の年齢や性別と買った品物を記録している。また、インターネットを使うだけで自分
のいる場所や買ったものなどの個人の情報も集められている。だが、データを集められた
人には、そのことはわからないのだ。こうしたことを考えれば、きちんと③お金を支払う
会社のほうが正直でいいと言えるだろう。
（注）録画：ビデオカメラで記録すること

11 ①<u>あなたの家にビデオカメラを 1 か月置かせてください</u>とあるが、ビデオカメラを置くのは何のためか。

1 働きたくても働けない人にお金をあげるため

2 カメラが何台も置かれることに対するストレスを調べるため

3 人の生活が記録（きろく）されたデータを売り買いできるかどうか調べるため

4 人が毎日 8 時間以上家にいられるかどうか知るため

12 ②<u>簡単にお金が手に入る</u>のは、どんな人か。

1 会社のカメラを自分の家に置かせてあげた人

2 生活データがお金になるかどうか調べた人

3 個人がわからないようにしたデータを売った人

4 インターネットでデータを見られるようにしてあげた人

모의
시험

13 ③<u>お金を支払う会社</u>とは、どんな会社のことか。

1 他（ほか）の人に使われた時にお金を支払うクレジットカード会社

2 人がいる場所や買ったものの情報を売るインターネットの会社

3 店に来た客の年齢（ねんれい）や性別のデータをその店から買う会社

4 生活の様子（ようす）を撮（と）らせてもらった時にお金を支払う会社

14 この文章（ぶんしょう）を書いた人の意見として正しいものはどれか。

1 ビデオカメラを上手に使って生活データを作れば、お金が手に入る。

2 生活データは、個人がわからないようにしてから使わなくてはならない。

3 生活データを集める会社は、だれでも情報を見られるようにするべきである。

4 生活データを買い取る会社のほうが、こっそりデータを集める会社よりいい。

問題4　右のページは、洋菓子店「ベルベル」のチラシである。下の質問に答えなさい。
答えは、1・2・3・4から最もよいものを一つ選びなさい。

15　10月16日に誕生日パーティーをするので、その日の朝、店にケーキを取りに行けるように予約したい。予約できるのは、次のうちどれか。

1　10月14日に店へ行く。

2　10月1日に店に電話する。

3　9月26日に店にメールする。

4　9月17日に店へ行く。

16　12月20日に自宅に届くようにベルベルタルトを予約したい。今日は11月1日である。どうすればいいか。

1　すぐ店に行って予約し、現金で代金を払う。

2　すぐメールで予約し、クレジットカードで代金を払う。

3　12月14日に店に行って予約し、現金で代金を払う。

4　ベルベルタルトが買えない期間なので、他の商品にする。

洋菓子のお店・ベルベル
商品ご予約のご案内

当店は、1970年の開業以来、おいしい手作りの洋菓子をお届けしています。

　　営業時間：【ショップ】9：00 ～ 18：30

　　　　　　　【喫茶室】10：00 ～ 18：00（ラストオーダー 17：30）

　　定休日：火曜日

【ご予約】お受け取りの日の1か月前から7日前までに、お願いします。

（お店でのお受け取り）

ご来店いただいて、ご希望の品、お受け取り日時をお知らせください。

お支払いはご予約時に現金でお願いいたします。

（郵送でのお届け）

クッキー、ベルベルタルトだけお届けします。

ご来店になってお申し込みの場合は、予約時に現金でお支払いをお

願いいたします。

メールでのお申し込みも承ります。当店から確認のメールを差し

上げます。メールをご確認後、お支払いください。お支払いは銀行

振り込みでお願いいたします。

―――――――――― **クリスマス期間はご注意ください。** ――――――――

12月中のお渡し、お届けについてのご予約は2か月前から承ります。

また、人気商品のアップルパイ、ベルベルタルトは、12月20日～

25日の期間、ご予約いただいた方だけへのお渡し、お届けとなり

ます。

각 회의 삽화

1회	太宰府天満宮 다자이후 텐만궁	(福岡県) 후쿠오카현
2회	博多仁和加 하카타 니와카	(福岡県) 후쿠오카현
3회	有田焼・伊万里焼 아리타 도자기· 이마리 도자기	(佐賀県) 사가현
4회	カステラ 카스텔라	(長崎県) 나가사키현
5회	ハウステンボス 하우스텐보스	(長崎県) 나가사키현
6회	阿蘇の火祭り 아소 불축제	(熊本県) 구마모토현
7회	別府温泉 벳푸 온천	(大分県) 오이타현
8회	マンゴー 망고	(宮崎県) 미야자키현
9회	桜島 사쿠라지마	(鹿児島県) 가고시마현
10회	屋久杉 야쿠 삼나무	(鹿児島県) 가고시마현
11회	シーサー 시사(사자상 토기)	(沖縄県) 오키나와현
12회	美ら海水族館 주라우미 수족관	(沖縄県) 오키나와현

저자

熊田 道子（くまだ みちこ）구마다 미치코
　　東京外国語大学、早稲田大学、実践女子大学短期大学部　非常勤講師
　　도쿄외국어대학, 와세다대학, 짓센여자대학 단기대학부 비상근 강사

福岡 理恵子（ふくおか りえこ）후쿠오카 리에코
　　東京外国語大学、一橋大学　非常勤講師
　　도쿄외국어대학, 히토쓰바시대학 비상근 강사

清水 知子（しみず ともこ）시미즈 토모코
　　横浜国立大学、東京農業大学、防衛大学校　非常勤講師
　　요코하마국립대학, 도쿄농업대학, 방위대학교 비상근 강사

삽화

広野りお 히로노리오

번역

최민경 (전 시사일본어학원 강사)

| 초판인쇄 | 2023년 5월 10일 |
| 초판발행 | 2023년 5월 20일 |

저자	熊田道子, 福岡理恵子, 清水知子
편집	조은형, 김성은, 오은정, 무라야마 토시오
펴낸이	엄태상
디자인	이건화
조판	이서영
콘텐츠 제작	김선웅, 장형진
마케팅본부	이승욱, 왕성석, 노원준, 조성민, 이선민
경영기획	조성근, 최성훈, 김다미, 최수진, 오희연
물류	정종진, 윤덕현, 신승진, 구윤주

펴낸곳	시사일본어사(시사북스)
주소	서울시 종로구 자하문로 300 시사빌딩
주문 및 문의	1588-1582
팩스	0502-989-9592
홈페이지	www.sisabooks.com
이메일	book_japanese@sisadream.com
등록일자	1977년 12월 24일
등록번호	제 300-2014-92호

JLPT Dokkai N3 Pointo & Purakutisu
©2021 by KUMADA Michiko, FUKUOKA Rieko and SHIMIZU Tomoko
PUBLISHED WITH KIND PERMISSION OF 3A CORPORATION, TOKYO, JAPAN

ISBN 978-89-402-9358-4(14730)
       978-89-402-9355-3(set)

문제 유형별 핵심 포인트 총정리

시사 JLPT 합격 시그널

일본어능력시험

저자 熊田道子, 福岡理恵子, 清水知子

N3 독해

해석 보기

정답 및 해설

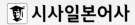
시사일본어사

문제 유형별 핵심 포인트 총정리

일본어능력시험

시사 JLPT 합격 시그널

저자 熊田道子, 福岡理恵子, 清水知子

N3 독해

정답 및 해설

🛡️ 시사일본어사

■ 도식에서 사용하는 주요 기호

- ☐☐☐☐ : 주목해야 할 표현

- ☐☐☐☐ : 지시사 등

- ·················· : 지시사 등이 가리키는 부분

- ⌣⌣⌣ : 생략되어 있는 부분

- ～～～ : 답의 도출을 위해 중요한 부분

■ 해설에서 사용하는 주요 기호

- → 정리 : 도식의 내용 정리

- 여기가 중요! : 주요 표현(독해 포인트)

- ⊙ : 독해의 힌트

1회

問題1
<ruby>問題<rt>もんだい</rt></ruby>1

問い　정답　1

2 : 「……<ruby>通勤<rt>つうきん</rt></ruby>は<ruby>本当<rt>ほんとう</rt></ruby>に<ruby>大変<rt>たいへん</rt></ruby>だ。<u>しかし</u>、<ruby>一番<rt>いちばん</rt></ruby>のストレスは（<ruby>通勤<rt>つうきん</rt></ruby>の）<ruby>他<rt>ほか</rt></ruby>にある」

'……통근은 정말로 힘들다. 그러나 가장 큰 스트레스는 (통근)이 아닌 다른 데 있다 (2행)'

3 : 「<ruby>不便<rt>ふ べん</rt></ruby>で<ruby>嫌<rt>いや</rt></ruby>だ」と<ruby>言<rt>い</rt></ruby>っているのは<ruby>子供<rt>こ ども</rt></ruby>たち。

'불편해서 싫다'고 말하는 것은 아이들이다. (4행)

4 : <ruby>東京<rt>とうきょう</rt></ruby>に<ruby>住<rt>す</rt></ruby>めるかどうかは<ruby>書<rt>か</rt></ruby>かれていない。

도쿄에 살 수 있을지 어떨지는 쓰여 있지 않다.

핵심 포인트 ▶ 접속 표현에 유의해서 읽자.

[고야마 씨의 스트레스는?] 3~5행

この<ruby>町<rt></rt></ruby>に<ruby>決<rt></rt></ruby>めたのは、……<u>子育てにいい<ruby>環境<rt>かんきょう</rt></ruby>だと<ruby>考<rt></rt></ruby>えたからである。</u>

= [아이는 분명 행복해질 것이다(예상)]

↑ 　 ↑

ところが、

↓ 예상과 다른 결과임을 나타낸다

<u>子供たちは<ruby>田舎<rt>いなか</rt></ruby>は<ruby>不便<rt>ふ べん</rt></ruby>で<ruby>嫌<rt>いや</rt></ruby>だと<ruby>毎日<rt></rt></ruby><ruby>文句<rt>もん く</rt></ruby>ばかり<ruby>言<rt></rt></ruby>って</u>、

= [아이는 행복하지 않다(사실)] ↓

<ruby>小山<rt>こ やま</rt></ruby>さんをとても<ruby>困<rt></rt></ruby>らせるのだ。

→ **정리** : 예상과 달리 아이들이 불평을 해서 고야마 씨는 난처해 하고 있다. (= 스트레스)

여기가 중요! ▶

ところが　그런데, 그러나

이전까지의 예상과 결과 · 사실이 다름을 나타낸다.

⊙ 「ところが」 이후의 상황이 더 중요하다. 예상과 달리 놀랐다는 마음을 드러내는 경우가 많다.

問題2

[問い]　　정답 3

「色や形がきれいでかわいい」＝美しさやユニークさがある

'색이나 모양이 예쁘고 귀엽다' ＝ 아름다움이나 독특함이 있다 (4행)

1：注文のしかたについては書かれていない。

　　주문 방법에 대해서는 쓰여 있지 않다.

2：値段や一人で入りやすいかどうかについては書かれていない。

　　가격이나 혼자 들어가기 쉬운지 어떤지에 대해서는 쓰여 있지 않다.

4：手で肉をつかんで食べると、手が汚れてしまう。

　　손으로 고기를 잡고 먹으면 손이 더러워져 버린다.

핵심 포인트　　접속 표현에 유의해서 읽자.

[어떤 변화가 일어나고 있는가?] 2~6행

さらに、スマホは食べ物の選び方も変えている。

　　　　　　　　　　　　　＝

[어떻게　　　┌……手が汚れない食べ物を選ぶ人が増えた。
달라졌는가?] ┤
　　　　　　　└また、……美しさやユニークさがあるかどうかも食べ物を選ぶ

　　　　　＝　　　　　　ポイントになっている。

[つまり]、スマホは、人々の食生活まで変化させているのだ。

대체 표현을 나타낸다　　　　　　　[정리]

→ [정리]：스마트폰 사용으로 인해 음식을 선택할 때, 손이 더러워지지 않는 것과 아름다움이나 독특함이 있는 것을 중시하게 되었다. 스마트폰은 사람들의 식생활을 변화시키고 있다.

여기가 중요!

つまり 즉

앞에 쓰여 있는 내용을 유사 표현으로 바꾸어 재차 설명한다.

ⓧ 요약을 나타내는 접속사가 글의 마지막에 있을 때는 바로 직전까지의 논리를 정리하는 경우가 많다.

問題3

問1　정답　4

1：文学部を選んだことは、残念ではない。

　　문학부를 선택한 것은 아쉽지 않다.

2：ボランティアのサークルに入ったことは、残念ではない。

　　자원봉사 동아리에 가입한 것은 아쉽지 않다.

3：文学の勉強ができないとは書かれていない。

　　문학 공부를 할 수 없다고는 쓰여 있지 않다.

핵심 포인트 ▷ 접속 표현에 유의해서 읽자.

```
[내가 아쉽게 생각하고 있는 점은?] 1~4행

今、残念に思っていることがあります。

大学入学後、……健康のことについてもっと学びたくなりました。

 でも 、文学部では病気や体のことについて学べる授業がありません。
앞과 뒤가 반대되는 내용으로 이루어진 것을 나타낸다
```

여기가 중요! ▶

でも 하지만

앞뒤의 문장이 반대되는 내용임을 나타낸다.

▶ 「でも 하지만」, 「しかし 그러나」 등의 역접을 표현하는 접속사가 오면 그다음 문장이 더 중요한 경우가 많다.

1：国語や社会の勉強がしたかったとは書かれていない。

국어나 사회 공부를 하고 싶었다고는 쓰여 있지 않다.

2：理系も勉強した。(「２年生からは文系の勉強が中心になりました」)

이과도 공부했다. ('2학년부터는 문과 공부가 중심이 되었습니다 (7~8행)')

4：文学部に決めたのは、高校に入ってから。

(「私が文学部への進学を決めたのは……２年生からは文系の勉強が中心になりました」)

문학부로 결정한 것은 고등학교에 들어가고 나서이다.

('제가 문학부에 신학하기로 결성한 것은…… 2학년부터는 문과 공부가 중심이 뇌었습니나 (5~8행)')

핵심 포인트 ▶ 접속 표현에 유의해서 읽자.

[내가 문학부를 선택한 것은 왜인가?] 6~7행

私は数学が苦手でしたが、子供のころから読書が好きでした。[이유]

それで、　文学部に行こうと決め、……。

앞 문장이 　　　　　　　　[결과]

이유임을 나타낸다

여기가 중요!

それで 그래서

앞에 있었던 일을 이유로 (그 결과) 일어난 일을 서술한다.

⊙ 「それで」 앞에는 '이유'가 오고, 뒤에는 '결과'가 온다.

問3　　정답　1

「専門以外の勉強」＝いろいろな勉強

'전공 분야 이외의 공부 (11행)' = 다양한 공부

2：進路をいつ決めるかはテーマではない。

진로를 언제 정하는가는 주제가 아니다.

3：勉強の量ではなく、何が勉強できるかがテーマである。

공부의 양이 아니라 무엇을 공부할 수 있느냐가 주제이다.

4：「文学部でも病気や体のことを学ばせてほしい」というのは、筆者が言いたいことの例。

'문학부에서도 병이나 신체에 대해 배우게 해 달라'는 것은 필자가 말하고 싶은 것의 예시이다.

핵심 포인트 ▶ 접속 표현에 유의해서 읽자.

[이 글에서 가장 하고 싶은 말은?] 9~12행

もちろん、……文学部の私が文学ばかり勉強するのは、仕方ないでしょう。

↕

でも、人の興味はどんどん変わっていくものです。

大学時代は勉強だけに集中できる最後の時間です。

だから、 もっと専門以外の勉強ができる機会があればいいと思います。

결론을 나타낸다

여기가 중요!

もちろんA。でもB　물론 A. 하지만 B

'A도 알겠지만 B가 더 중요하다'는 것을 나타낸다.

⊙ 필자가 하고 싶은 말은 「でも 하지만」 뒤에 나와 있다.

だから　그래서

앞에 쓰인 부분의 결과나 결론을 나타낸다.

⊙ 글의 끝부분에 있을 때는 필자가 가장 하고 싶은 말이 오는 경우가 많다.

1단락 대학생이 되면서 건강에 대해 배우고 싶어졌다. 하지만 문학부(자신의 학부)에는 건강에 대해서 배울 수 있는 수업이 없어 아쉽다.

2단락 고등학교 때는 수학을 못하고 책을 좋아했기 때문에 문과를 선택했다.

3단락 사람의 흥미는 변하기 마련이다. 대학 시절은 공부에 집중할 수 있는 마지막 시간이기 때문에 전공과목뿐만 아니라 많은 것을 배울 수 있는 수업이 있는 것이 좋다.

2회

연습 문제 18~21p

もんだい
問題 1

問1 정답 2

핵심 포인트 접속 표현에 유의해서 읽자.

[영수증은 몇 장?] 3~5행, 7~8행

　二つの美術館で同じ品物を買ったので、そのレシートを比べてみたら、
うえの
上野の美術館のものには……書かれていた。 一方 、 六本木のものでは……。
　　　　　　　　　　　　　　　　　　　대비를 나타낸다

……

　近所の店のレシートを見ると、小さい八百屋のものには……。

それに対し 、 大型スーパーのものには……。
대비를 나타낸다

→ 정리

: 미술관 영수증 : [우에노 미술관] ⟷ [롯폰기 미술관] ⎫
　동네 가게 영수증 : [작은 채소 가게] ⟷ [대형 슈퍼] ⎭ 총 4장

> **여기가 중요!**

A。一方B　A. 한편 B
A。それに対し(て)B　A. 그에 대하여(그에 비해) B
　　　　　　　　　　　　　　　　　　　　　　　} A와 B의 사항을 대비시켜 말한다.

⊙ 대비란 특징이 다른 두 가지를 비교하는 것으로, 대비시키면 각각의 특징을 잘 알 수 있다.

問2　　정답　4

> **핵심 포인트**　접속 표현에 유의해서 읽자.

[행사 예정은 어디에 쓰여 있는가?] 8~9행

それに対し、大型スーパーのものには「千葉産トマト」と野菜名や産地が書

いてある。**そのうえ**、　　イベントの予定、Webサイトのアドレス、安売りの
　　　　　　　앞의 사항에 뒤의 사항을 덧붙인다

情報まで載っていた。

大型スーパーのレシートには

→　**정리**　: 대형 슈퍼의 영수증에는 채소 이름과 산지(= '지바산 토마토'), 행사 예정, 웹사이트 주소, 할인 정보
　　　　　　　등이 다양하게 기재되어 있었다.

> **여기가 중요!**

そのうえ　게다가

앞의 사항에 뒤의 사항을 덧붙이는 것을 나타낸다.
⊙ 「何に 무엇에」, 「何を 무엇을」 덧붙이고 있는지, 잘 파악하는 것이 중요하다.

2：一番言いたいことではない。

　　가장 하고 싶은 말이 아니다.

3：美術館のレシートの情報量は書かれていない。

　　미술관 영수증에 대한 정보량은 쓰여 있지 않다.

4：客について研究しているかどうかは書かれていない。

　　손님에 대해 연구하고 있는지 어떤지는 쓰여 있지 않다.

핵심 포인트 ▶ '가장 하고 싶은 말' = '이 글의 주제'를 찾아보자.

2행

先週もらったレシートを比べて、おもしろいことがわかった。[주제]

→ 영수증을 비교해서 알아낸 것을 정리한다.

- [우에노 미술관 : 일본어] ⟷ [롯폰기 미술관 : 영어]

  = 매장 장소(위치)가 바뀌면 영수증 내용이 바뀐다.

- [작은 채소 가게 : 정보가 적음] ⟷ [대형 슈퍼 : 정보가 많음]

  = 가게 종류가 다르면 영수증 내용이 바뀐다.

→ **정리** : 가게의 장소(위치)나 종류로 영수증의 내용이 달라지는 것은 재미있다.

본문 요약 ▶

1단락 　영수증을 비교해 보고 재미있는 사실을 알았다.

2단락 　우에노 미술관의 영수증은 일본어이지만 외국인이 많은 롯폰기 미술관의 영수증은 영어로 작성되어
있다.

3단락 　작은 채소 가게는 정보가 적지만 대형 슈퍼는 정보가 아주 많이 들어 있다.

問題 2

問1   정답 2

1 ：試合には負けた。

　　시합에는 졌다.

3 ：見に来てくれたことはうれしかったが、試合には負けた。

　　보러 와 준 것은 기뻤지만 시합에는 졌다. (10행)

4 ：負けた理由は書かれていない。

　　진 이유는 쓰여 있지 않다.

핵심 포인트 　경기 결과를 찾아보자.

8행

試合の結果は残念でしたが、みんな、よくがんばりましたよね。

　　　= [졌다]

→ **정리** ：시합에는 지고 말았다.

問2   정답 3

1 ：「きのう、無事、……終わりました。」は前置き。

　　'어제, 무사히……끝났습니다'는 서론이다. (7행)

2 ：日程は決まっていない。(「会場や日程を決めなくてはいけない」)

　　일정은 정해져 있지 않다. ('행사장이나 일정을 정해야 한다 (14행)')

4 ：サッカー大会の Web サイトを作るとは書かれていない。

　　축구 대회 웹사이트를 만든다고는 쓰여 있지 않다.

핵심 포인트 　접속 표현에 유의하여 읽어 보자.

[이 메일로 새롭게 알리고 싶은 것은?] 12~13행

さて、みなさんにお知らせがあります。

화제 전환을 나타낸다

来年の大会の準備係は、私たち Y サッカークラブに決まりました。

　　　　　[알리고 싶은 내용]

さて 그런데, 다름이 아니라

이후로 화제가 바뀌는 것을 나타낸다.

⊙ 메일이나 편지 문장에서는 「さて」의 뒷부분에 정말 전하고 싶은 내용이 온다.

　 그 전 내용은 서론이나 인사인 경우가 많다.

問3　　정답 4

1 : 次の練習の前に、アンケートに答えなければならない。

　　다음 연습 전에 설문 조사에 답해야 한다. (15~16행)

2 : 会場や日程を決める前に、意見を書く。

　　행사장이나 일정을 정하기 전에 의견을 적는다.

3 : メールではなく、Webサイトに意見を書く。

　　메일이 아닌 웹사이트에 의견을 적는다.

핵심 포인트　　접속 표현에 유의해서 읽자.

[메일을 받은 사람은 처음에 무엇을 해야 하는가?] 13~16행

来年の大会の準備係は、私たち Y サッカークラブに決まりました。

それで、会場や日程を決めなくてはいけないのですが、

まず、みなさんの意見を聞きたいと思います。

순서를 나타낸다(첫 번째)

下のアンケートサイトにアクセスしてください。

[제일 먼저 해야 할 일]

まず 먼저

순서의 맨 처음임을 나타낸다.

▷ 「まず 먼저」, 「次_{つぎ}に 다음으로」, 「最後_{さいご}に 마지막으로」 등과 같이 순서를 나타내는 표현들은 글의 흐름을 정확하게 읽기 위해 매우 중요하다.

서론(인사)	어제 축구 대회에서 이 클럽은 졌지만 모두 열심히 했다. 시합에 나갈 수 없는 멤버도 보러 와 주어서 기뻤다.
본론	이 클럽이 내년 대회의 준비를 맡게 되었다. 준비를 위해 모두의 의견을 듣고 싶으니 설문 조사 사이트에 접속해서 의견을 써 주길 바란다.

3 회　　　　　　　　　　　　　　　　　　연습 문제 22~25p

問題_{もんだい}1

問い　　　정답　3

1 : 正_{ただ}しく弾_ひくことについては書_かかれていない。
올바르게 연주하는 것에 대해서는 쓰여 있지 않다.

2 : ロボットは速_{はや}く弾_ひけるが、「美しい音_{おと}となると、話_{はなし}が違_{ちが}ってくる(＝美しい音_{おと}は出_だせない)」
로봇은 빠르게 칠 수 있지만 '아름다운 소리라면 이야기가 달라진다(= 아름다운 소리는 낼 수 없다)' (4~5행)

4 : 「一般化_{いっぱんか}することは難_{むずか}しいらしい。」
'일반화하는 것은 어렵다고 한다' (3행)

지시사가 문장의 어디쯤에 들어 있는지를 살펴보고 답을 찾아보자.

5~6행

弾(ひ)く人が理想の音をイメージしてキーをたたき、

実際(じっさい)の音が それ に合っているかどうか判断(はんだん)できる耳を持つことが大切だと

いうのだ。

→ 정리 : 실제 음이 이상적인 소리(=それ 그것)에 맞는지 판단할 수 있는 귀를 갖는 것이 중요하다.

여기가 중요!

⊙ 답을 찾았으면 지시사가 있는 부분에 넣어서 확인하는 것이 좋다.

もんだい
問題2

問(と)い   정답 4

1 : 「今(いま)は仕切(しき)りなどはなく（＝分(わ)けていない）……」

　　　'지금은 칸막이 등은 없고(= 나누지 않았다)……' (2행)

2 : 「……中(なか)の様子(ようす)がわかったりする」

　　　'……내부 상황을 알 수 있기도 하다' (3행)

3 : 自分(じぶん)の席(せき)で何(なに)をするかは、書(か)かれていない。

　　　자기 자리에서 무엇을 하는지는 쓰여 있지 않다.

핵심 포인트   지시사는 넓은 범위를 가리키는 경우도 많으므로 주의하자.

[새로운 아이디어가 나오기 쉬운 것은 어떤 경우인가?] 1~6행

　　会社のスペースの使い方が変わってきた。以前は……。しかし、今(いま)は仕切(しき)り

などはなく……中(なか)の様子(ようす)がわかったりする。また、……話(はな)し合える場所がある。

[「しかし 그러나」부터 이후의 모든 내용(= '공간 사용법'이 어떻게 바뀌었는가)을 가리킨다]

　　このような スペースの使い方をした場合、社員同士(どうし)の意見が言いやすく、

他(ほか)の部や課の人とも自然に交流ができるため、新しいアイデアが出(で)やすいそうだ。

14

→ 정리 : 부서의 칸막이를 없애거나 한 경우, 직원들 간에 자연스럽게 교류가 늘어나서 새로운 아이디어가 나오기 쉽다고 한다.

여기가 중요!

⊙ '지시사 + 명사'일 때는 먼저 명사 부분이 무엇인지 제대로 확인하고 난 후 그 명사에 대해 쓰인 곳을 찾는 것이 중요하다.

問題3

問1　　　정답　2

1：「本を読む人が減っている」は意見ではなく、事実の説明。

'책을 읽는 사람이 줄고 있다'는 의견이 아니라 사실 설명이다. (1행)

3：複雑な情報が役に立たないとは書かれていない。

복잡한 정보가 도움이 되지 않는다고는 쓰여 있지 않다.

4：電子機器で読むことについては、書かれていない。

전자 기기로 읽는 것에 대해서는 쓰여 있지 않다.

핵심 포인트　　어떤 의견인지 찾아보자.

1~3행

本を読む人が減っている。複雑な情報は動画を見たほうがよくわかるし、今の世の中では、本を読む能力より電子機器をうまく使う能力のほうが便利で役に立つ。

[의견]

① そういった 意見も聞く。

→ 정리 : 책을 읽는 능력보다 동영상이나 전자 기기를 사용하는 능력이 더 필요하다는 의견이 있다.

　　　정답　3

1：「テレビと同じ動画がインターネットでも見られる」とは書かれていない。

　　　'TV와 같은 동영상을 인터넷에서도 볼 수 있다'라고는 쓰여 있지 않다.

2：ありがたいのは「多くを知らなくてはいけないこと」ではない。

　　　고마운 것은 '많은 것을 알아야 한다는 것'이 아니다.

4：インターネットを使って「多くの情報が得られること」がありがたい。

　　　인터넷을 이용해 '많은 정보를 얻을 수 있는 것'이 고맙다.

핵심 포인트 ▶ 지시사가 글의 어디에 들어 있는지를 잘 보고 답을 찾아보자. 항상 지시사의 바로 앞에 정
답이 오는 것은 아니므로 주의하자.

[무엇이 '고마운 일'인가?] 4~6행

　　今はテレビだけでなく、インターネットでも動画が見られる。世界について

昔より多くの情報が得られるようになった。

物事を深く理解するために多くを知ることが絶対に必要なら、②それはあり

　　　　　　　　　　　　　　　　　　　　　= [만약 필요한 경우는]

がたいことだ。

→ **정리** : 만약에 사물을 깊이 이해하기 위해 많은 것을 아는 것이 절대적으로 필요하다면 옛날보다 더 많은
정보를 얻을 수 있는 것은 감사한 일이다.

問3 　　정답　1

2：動画を見るときは頭は使わない。（「深く考えながら見ることはない」）

동영상을 볼 때는 머리는 쓰지 않는다. ('깊이 생각하면서 볼 필요는 없다 (8~9행)')

3：本を探すことについては書かれていない。

책을 찾는 것에 대해서는 쓰여 있지 않다.

4：まとめられた情報を受け取るときは、深く考えてはいない。

（「まとめられた情報をそのまま受け取るだけだ」）。

정리된 정보를 받아들일 때는 깊이 생각하지는 않는다. ('정리된 정보를 그대로 받아들일 뿐이다 (9행)')

핵심 포인트　　지시사가 나타내는 부분의 뜻을 알기 어려울 때는 그 부분의 대체 표현을 찾아보자.

[어떻게 하면 생각하는 힘이 몸에 밸 수 있을까?] 9~11행

それに対し、本を読むときは必ず頭を使って考えている。動画を見るときとは

‖ [대체 표현]

違い、読み手は自分から本に向かって働きかけている。③こうすることで、深く

考える力が身につくのである。

→ **정리** ：책을 읽을 때 사람은 반드시 자신의 머리를 써서 생각하기 때문에 깊이 생각하는 힘을 기를 수 있다.

여기가 중요!

ⓢ '대체 표현'이란 같은 것을 다른 말로 바꾸어 표현하는 것이다. 중요한 포인트나 이해하기 어려운 사항은 말을
바꾸어 여러 번 쓰여 있는 경우가 많다.

본문 요약

1단락	책을 읽는 사람이 감소하고 있다. 동영상이나 전자 기기를 사용하는 편이 좋다는 의견도 있다.
2단락	TV나 인터넷 동영상 등으로 많은 정보를 얻을 수 있다. 하지만 정보가 지나치게 많으면 사물을 올바르게 이해할 수 있는 사람이 줄어든다고 생각한다.
3단락	동영상을 볼 때 사람은 정보를 받아들일 뿐, 깊이 생각하지 않는다. 반면 책을 읽을 때는 반드시 머리를 써서 생각한다. 책을 읽으면 깊이 생각하는 힘이 생긴다.

4회

問題1

> **問い**　　정답　4

핵심 포인트 ▶ 문장 속의 서술어와 조사를 잘 살펴보고, 이 글에서 무엇이 생략되어 있는지를 생각해 보자.

[누가, 누구에게, 무엇을 물었는가?] 5~6행

とてもうれしそうな様子だったので、由香と「恋人なの？」と聞いてみたが……。

私は　　　その友達は　　　夏子に

→ **정리** : 나는 유카와 함께 '그 친구는 애인이야?'라고 나쓰코에게 물었다.

여기가 중요!

⊙ 필자가「私 나」인 경우, 주어인「私」를 생략하는 경우가 많으므로 주의하자.

もんだい
問題2

[問い]　정답　2

> **핵심 포인트**　지시사가 나타내는 내용이 생략된 경우가 있다. 그 경우에는 좀 더 앞 문장을 읽어 보자.

['그 속'이란 무엇의 속인가?] 1~3행

友人から本が届いた。……

友人はその本を

本屋で見つけて、私のことを思い出して　送ってくれたそうだ。

その本を私に

その中に、昔、私たちの町で開かれたコンサートの写真があった。

→　[정리]：친구가 보내온 책 속에 콘서트 사진이 있었다.

もんだい
問題3

[問1]　정답　1

> **핵심 포인트**　생략에 유의해서 읽자.

[누가 '무직'이라고 적는가?] 2~4행

投書を

投書を新聞社に送る時は、普通、書いた人の名前と職業もつけなくては

いけない。

投書を書いた人が

① この職業を「無職」、つまり仕事がないと書くかどうかについて、……。

→　[정리]：투서를 쓴 사람이 직업을 '무직'이라고 적는다.

4회 問題1〜3　19

1 :「無職」の人が少ないとは書かれていない。

　'무직'인 사람이 적다고는 쓰여 있지 않다.

2 :仕事の名前ではないとは書かれていない。

　직업명이 아니라고는 쓰여 있지 않다.

4 :「会社員」は例の一つ。(「「元会社員」のように書いて出す人もいる」)

　'회사원'은 예시 중 하나이다. ('「전직 회사원」과 같이 써서 내는 사람도 있다 (5~6행)')

핵심 포인트 ▶ 생략된 말이 길 수도 있으니 주의하자.

[이 작성 방식을 싫어하는 것은 왜인가?] 5~7행

　②「無職」という書き方を嫌がる人は多い。……

「無職」という書き方を嫌がる のは、

　仕事がないことは能力の低さを表すと感じる人が多い から のようだ。

　　　　　[이유]　　　　　　　　　이유를 나타낸다

---

1 :「使わないほうがいい」とは書かれていない。

　'사용하지 않는 편이 좋다'라고는 쓰여 있지 않다.

3 :「何も書かない」場合のことは書かれていない。

　'아무것도 적지 않는다'는 경우에 대해서는 쓰여 있지 않다.

4 :「主婦」のほうがイメージが悪いと思う人もいる。

　(「「主婦」と書くと、「夫のお金で生活しています」と言っているようで嫌なのだそうだ」)

　'주부'라고 쓰는 게 이미지가 안 좋다고 생각하는 사람도 있다.

　('「주부」라고 쓰면「남편의 돈으로 생활하고 있어요」라고 말하는 것 같아 싫다고 한다 (8~9행)')

생략에 유의해서 읽자.

[필자는 어떻게 생각하는가?] 9~10행

私は、
「無職」には悪いイメージしかないと思っていたが、そうでもないらしい。
　　　　　　　　　[과거의 생각]　　　　　　　　　　[추측(= 내 생각을 포함)]

→ 　정리　: 필자는 '무직'이라는 말에는 부정적인 이미지밖에 없다고 생각했지만, 사실은 나쁜 이미지만 있는

　　　　　　　것은 아니라고(=좋은 이미지도 있다고) 지금은 생각하고 있다.

본문 요약

1단락 　독자가 신문사에 투서를 보낼 때 자신의 직업을 '무직'이라고 쓸 것인지 말 것인지에 대해서는 여러

　　　　 가지 의견이 있다.

2단락 　'무직'이라고 쓰지 않는 사람들은 많다. 직업이 없는 것은 능력의 낮음을 나타낸다고 생각하는 사람이

　　　　 많기 때문인 것 같다.

3단락 　하지만 '무직'이라고 쓰는 사람도 있다. 예를 들면 직업을 '주부'라고 쓰고 싶지 않은 사람들 등이다.

　　　　 '무직'이라는 말에는 나쁜 이미지뿐만 아니라 좋은 이미지도 있는 것 같다.

5회

연습 문제 30~33p

問題1

問い　　정답　3

1：水が汚れたかどうかは書かれていない。

물이 더러워졌는지 어떤지는 쓰여 있지 않다.

2：水道用の電線とは書かれていない。また、水が出なくなった時には、電線はもう修理が終

わっていた。（「強風で切れた……電気も来るようになった」）

수도용 전선이라고는 쓰여 있지 않다. 또 물이 나오지 않게 되었을 때에는 전선은 이미 수리가 끝나 있었다.

('강풍으로 끊긴……전기도 들어오게 되었다 (4행)')

4：水を使い切ったのは、電気が来る前ではなく、電気が来た後。

물을 다 쓴 것은 전기가 들어오기 전이 아니라 전기가 들어온 다음이다.

[물이 안 나오게 된 것은 왜인가?] 4~7행

ところが、今度は水道から水が出なくなってしまった。水を出すのに電気が必

要なマンションの住人、お湯を使いたがった人たちが、同時にトイレやシャワー

を使った ため 、A町の水道用の水が足りなくなった のだ そうだ。

　　　　　　이유를 나타낸다　　　　[물이 안 나오게 된 이유]　　사정 설명 (이유)

→ 　정리　: 여러 사람이 동시에 물을 사용해서 수돗물이 부족해지면서 물이 나오지 않게 되었다.

여기가 중요!

A ため (に) B A 때문에 B

이유를 나타낸다.

▷ B의 이유가 A에 나와 있다.

〜のだ ~(인) 것이다

사정을 설명하고 이유를 나타낸다.

▷ 「〜のだ」 앞 문장의 이유를 「〜」에서 설명하고 있다.

問題2

정답　4

1：自然を守る心を育てるためにおもちゃを作るのではない。

　　자연을 지키는 마음을 기르기 위해 장난감을 만드는 것이 아니다.

2：お金については何も書かれていない。

　　돈에 대해서는 아무것도 쓰여 있지 않다.

3：おもちゃ作りのために木を切るのではない。

　　장난감 만들기를 위해 나무를 베는 것이 아니다.

▶ 이유를 나타내는 표현에 유의하자.

[장난감 만들기 세미나를 시작하는 것은 왜인가?] 4~6행

間伐材が捨てられるのは

間伐材は捨てられてしまうことが多いのです。もったいないですね。

[이유]

そこで、れいわ町では、間伐材を使ったおもちゃ作りセミナーを始めるこ

앞 문장이 이유임을 나타낸다   [결과]

とにしました。

→ 정리 : 간벌재를 버리는 것은 아깝기(=헛되게 하고 싶지 않기) 때문에, 간벌재를 사용한 장난감 만들기 세

　　　　미나를 시작하기로 했다.

여기가 중요!

そこで 그래서

직전에 쓰여 있는 상황(이유)의 결과로서 뒤에 기술된 행동을 하는 것을 나타낸다.

⊙ 「そこで」앞에 '이유'가 나와 있다.

問題3

問1　　　정답　2

1：会社に早く着くかどうかは書かれていない。

　　회사에 일찍 도착할지 어떨지는 쓰여 있지 않다.

3：バスの中が見えることは気持ちがいいわけではない。

　　버스 안이 보이는 것은 기분이 좋은 이유가 아니다.

4：朝、きれいな風景が見えるとは書かれていない。

　　아침에 아름다운 풍경이 보인다고는 쓰여 있지 않다.

[매우 기분이 좋은 것은 왜인가?] 2~4행

道路は混んでいて車は少しずつしか動かないし、バスの中は人でいっぱいだ。

みんな我慢して乗っている。

その 横を自転車で走っていく と とても気持ちがいい。

[매우 기분이 좋을 때의 조건]　　　조건을 나타낸다

→ 정리 : 정체로 인해 옴짝달싹 못하는 자동차나 혼잡한 버스를 타지 않고, 자전거로 자유롭게 달릴 수 있어
서 매우 기분이 좋다.

여기가 중요!

~と／~たら／~とき…… ~(하)면 / ~(하)다면 / ~(할) 때……

「……」이 일어날 때의 조건이 「~」임을 나타낸다.

▷ 질문하고 있는 밑줄 부분을 포함한 문장 속에 「~と」, 「~たら」, 「~とき」 등이 있으면, 그 부분에는 이유가
(= 그렇게 되는 조건이) 쓰여 있는 경우가 많다.

問2　　정답 1

2：筆者はレンタサイクルの店の客である。

필자는 자전거 대여점의 손님이다.

3：仕事では体を動かさない。

일할 때는 몸을 움직이지 않는다.

4：自転車に乗るのは仕事ではない。

자전거를 타는 것은 업무가 아니다.

핵심 포인트 ▶ 질문 속의 키워드를 글 속에서 찾아보자.

질문：「私 나」는 어떤 일을 하고 있는가?

→ 키워드：「仕事 일, 업무」

（仕事）ではパソコンばかり見ていて、椅子に座りっぱなしだ。

= [오랫동안 앉아 있고 전혀 움직이지 않는다]

→ 정리 : 장시간 줄곧 컴퓨터를 사용하는 일을 하고 있다.

問3 　　정답　4

1・3：一番大きい理由ではない。

가장 큰 이유는 아니다.

2：遅刻については、書かれていない。

지각에 대해서는 쓰여 있지 않다.

핵심 포인트 ▶ 제시된 이유 중에서 가장 큰 이유를 찾아보자.

[자전거 통근을 시작한 이유는?] 1, 2, 5, 7~11행

最近、自転車通勤を始めた。理由はいくつかある。

まず、 …… [이유1]

순서를 나타낸다 (첫 번째)

それに、 …… [이유2]

앞의 이유에 하나 더 덧붙인다

だが、何と言っても レンタサイクルのチェーン店が家と会社のそばに

가장 중요함을 나타낸다　　　　　　　　　　[이유3]

できたことが大きい。……家のそばで乗って会社のそばで返せるのだ。

私の家は坂の上にある。……仕事で疲れた帰り、坂をのぼることを考えて、

あきらめていた。今は片道だけ自転車に乗ることができるようになった。

= [회사 갈 때만]　　　　　　= [돌아오는 길에 자전거로
　　　　　　　　　　　　　　　　언덕을 올라갈 필요가 없다]

→ 정리 : 가장 큰 이유는 집과 회사 옆에 자전거 대여 체인점이 생긴 덕분에 돌아오는 길에 자전거로 언덕을
올라갈 필요가 없다는 것이다.

何と言っても　뭐니 뭐니 해도

'여러 가지가 있지만, 그중 제일'인 것을 나타낸다.

⊃ 여러 가지 이유 중에서 가장 중요하다고 생각하는 것을 말할 때 쓴다.

본문 요약

1단락	최근에 자전거로 통근(출퇴근)을 시작했다.
2단락	아침에 자전거를 이용하면 통근 스트레스도 없고 기분이 좋다.
3단락	또한 나는 하루 종일 컴퓨터를 사용하며 계속 앉아서 일하는데 자전거를 타면 운동도 할 수 있고, 눈의 피로도 풀린다.
4단락	하지만 가장 큰 이유는 집과 회사 옆에 자전거 대여 체인점이 생겼다는 점이다. 회사 옆 가게에서 반납할 수 있어서 갈 때만 자전거를 탈 수 있다. 돌아오는 길에 언덕을 오르지 않아도 되기 때문에 자전거 통근이 쉬워졌다.

6회

연습 문제 34~37p

問題1

問い　정답　2

1 :「ぜひあさこちゃんも来てね（＝結婚式に来てほしい）」はメールの締めのあいさつの一つ。

'아사코도 꼭 와 줘(=결혼식에 와 줬으면 좋겠다)'는 메일의 끝 인사말 중 하나이다. (13행)

3 :一緒に見てほしいとは書かれていない。

함께 봐 달라고는 쓰여 있지 않다.

4 :一緒に旅館に泊まりたいのではない。

함께 여관에 묵고 싶은 것이 아니다.

질문: 이 메일이 가장 전하고 싶은 것은 무엇인가?

→ 메일을 쓴 목적을 찾아보자.

6~10행

今日はお願いがあってメールしてるの。 = [메일 목적 = 부탁]

この前旅行した時に一緒に泊まった旅館のパンフレット、……、 を

ちょっと貸し | てもらえない？ | [부탁]
　　　　　　상대방에게 바라는 것을 나타낸다

あの中 に「旅館で結婚式を挙げよう」って記事があったよね？

あれ 、もう一度見てみたいんだけど……。 [부탁]

だから、見せてくれない？

→ 정리 : 여관 팸플릿 속의 기사를 읽고 싶으니 팸플릿을 빌려주기를 바란다.

～てもらえませんか／もらえない？　~해 주지 않겠습니까? / ~해 주지 않을래?

상대에게 무언가 해 달라고 부탁하는 표현이다.

⊙ 부탁 표현에는「～してください ~해 주세요」,「～してもらえませんか ~해 주시지 않겠습니까」 등 다양한

형태가 있다. 또한「(私は) ～たいのですが／たいんだけど (저는) ~하고 싶습니다만/~하고 싶은데」와 같이

「～してください ~해 주세요」라고 명확하게 말하지 않는 부탁의 방법도 많다.

問題2

問い 정답 2

1：チェックはもう原山係長（＝私）が入れた。

체크는 이미 하라야마 계장이(= 내가) 했다. (4행)

3：山田さんではなく、原山係長の机の上におく。

야마다 씨가 아니라 하라야마 계장의 책상 위에 둔다. (5~6행)

4：加藤さんが来たら、原山係長に電話する。

가토 씨가 오면 하라야마 계장에게 전화한다. (7~8행)

핵심 포인트

질문: 야마다 씨가 해야 할 일은 무엇인가?

→ 하라야마 계장(= 私)이 야마다 씨에게 부탁하는 문장을 찾아보자.

4~8행

直してほしいところにチェックを入れておいたので、直してから、2部コピー

してください。[부탁]

1部はA社の加藤さんにすぐ渡せるように封筒に入れて、もう1部と元の資料

は私の机に戻してください。[부탁]

……

私が戻る前に加藤さんがいらっしゃったら、資料の入った封筒をお渡しして、

お待ちいただき、私に電話をください。[부탁]

→ 정리 ：하라야마 계장이 자료 체크 → 야마다 씨가 할 일

- 하라야마 계장이 체크한 자료를 수정한다.
- 수정한 자료를 2부 복사한다.

  1부 = 봉투에 넣는다.

  1부 + 원본 자료 = 하라야마 계장 책상에 되돌려 놓는다.

〈가토 씨가 하라야마 계장보다 일찍 올 경우〉
- 봉투에 넣은 자료의 사본을 가토 씨에게 건네준다.
- 하라야마 계장에게 전화한다.

問題3

問い　　정답　3

1：「山川行きのバス」が動いていない場合も休みになる。

'야마카와행 버스'가 운행되지 않을 경우에도 휴강이 된다.

2：「大雨警報」が出ている場合も休みになる。

'호우 경보'가 발령된 경우에도 휴강이 된다.

4：午前7時には、午後のことはまだわからない。

오전 7시에는 오후의 일은 아직 모른다.

핵심 포인트

질문: 내일 학생의 행동으로 올바른 것은 무엇인가?

→ 내일 '몇 시에', '어떤 상황'이라면 언제 수업이 휴강인지를 살펴보자.

5~7행

午前7時に山川行きのバスが運転を中止していた場合、あるいは、大浜市内
　　　　[상황]　　　　　　　　　　　　　　　　　= [혹은, 또는]

に大雨警報が出ていた場合は、午前中の授業を休みとします。
[상황]

午前11時に同じ状況であった場合、午後の授業を休みとします。

→　정리　: 오전이 휴강이 되는 상황: 오전 7시에 버스 운행 중지 또는 호우 경보

오후가 휴강이 되는 상황: 오전 11시에 버스 운행 중지 또는 호우 경보

問い　　　정답　3

1：用事があって来た人は「来客用」と書いてあるところに置ける。

용무가 있어서 온 사람은 '손님용'이라고 쓰여 있는 곳에 둘 수 있다. (9~10행)

2：シールが貼ってある自転車は置ける。

스티커가 붙어 있는 자전거는 둘 수 있다. (4행)

4：一度もらったシールは卒業まで使える。

한번 받은 스티커는 졸업까지 사용할 수 있다. (7행)

핵심 포인트

질문: 이 자전거 보관소에 자전거를 둘 수 없는 사람은 누구인가?

→ 어떤 경우에 둘 수 없는지 살펴보자.

3~6행, 9~10행

（１）学生のみなさんへ

・自転車に学校のシールが貼ってあるものだけが、ここに置けます。

　　　　　　　　　　　　= [학생은 자전거에 스티커가 붙어 있지 않으면 둘 수 없다]

・シールをもらうには、……。学校から家まで２キロ以上の人だけが申し込めます。

　　　　　　　　　　　　= [집까지 2km 미만인 학생은 스티커를 받을 수 없다 = 둘 수 없다]

……

（２）用事があって来られた方へ

・置き場の中の「来客用」と書いてあるところに置いてください。

　　　　　　　　　　　　= [손님은 모두 자전거를 둘 수 있다]

→ 정리 ：・자전거를 둘 수 없는 사람 = 학교에서 받은 스티커를 붙이지 않은 학생

　　　　　・스티커를 받을 수 없는 학생 = 집까지 2km 미만인 사람

⇓

집까지 2km 미만인 사람은 자전거를 둘 수 없다.

7회

問題1
<ruby>問題<rt>もんだい</rt></ruby>

問い　　정답　1

2：<ruby>自分<rt>じぶん</rt></ruby>を<ruby>変<rt>か</rt></ruby>えることについては<ruby>書<rt>か</rt></ruby>かれていない。

자신을 바꾸는 것에 대해서는 쓰여 있지 않다.

3：<ruby>感謝<rt>かんしゃ</rt></ruby>を<ruby>相手<rt>あいて</rt></ruby>に<ruby>伝<rt>つた</rt></ruby>えるかどうかは<ruby>書<rt>か</rt></ruby>かれていない。

감사를 상대에게 전할지 어떨지는 쓰여 있지 않다.

4：いい<ruby>関係<rt>かんけい</rt></ruby>に<ruby>戻<rt>もど</rt></ruby>るかどうかはわからない。

（「また「<ruby>同<rt>おな</rt></ruby>じ<ruby>方向<rt>ほうこう</rt></ruby>」を<ruby>向<rt>む</rt></ruby>く<ruby>日<rt>ひ</rt></ruby>も<ruby>来<rt>く</rt></ruby>るかもしれません。」）

좋은 관계로 돌아갈지 어떨지는 알 수 없다. ('다시 「같은 방향」으로 향할 날이 올지도 모릅니다 (6행)')

핵심 포인트

질문: 이 글을 쓴 사람의 의견으로 맞는 것은 무엇인가?

→ 필자의 의견을 찾아보자.

4~6행

このとき、<u>無理に相手の「<ruby>向<rt>む</rt></ruby>き」を変えようとすると</u>、関係は<ruby>悪化<rt>あっか</rt></ruby>します。

それより、<u>楽しく一緒に過ごせたことに<ruby>感謝<rt>かんしゃ</rt></ruby>して、静かに<ruby>離<rt>はな</rt></ruby>れたほうがいい</u>
[의견]

のではないでしょうか。

의견을 나타낸다

→ **정리** : 억지로 상대를 바꾸려고 하지 말고 친구로서 교제를 그만둬 보는(=조용히 멀어져 보는) 것이 좋다고 생각한다.

～(の)ではない（でしょう／だろう）か ～(하)지 않을까? (~않을까요? /~않을까?)

의견을 말한다.

▷ 「～(の)ではない(でしょう／だろう)か」는 「～と思う ~라고 생각한다」라는 의미이다.

「～」을 부정하는 표현이 아니므로 주의하자.

問題2

問い　　　정답　4

１：子供の少なさは問題ではないとは書かれていない。

자녀가 적은 것은 문제가 아니라고는 쓰여 있지 않다.

２：子供のいる幸せについては書かれていない。

자녀가 있는 행복에 대해서는 쓰여 있지 않다.

３：両親のための政策はすでにある。

부모를 위한 정책은 이미 있다.

질문: 이 글을 쓴 사람이 가장 말하고 싶은 것은 무엇인가?

→ 필자의 의견을 찾아보자.

3~6행

子供は両親二人だけでなく、社会全体で育てていくものだ。

子供がいない人も子育てに協力できるシステムがあれば、子供は育てやすく

‖　　　　　　　　　　　　[의견]

なる に違いない 。　　　[대체 표현]

의견을 나타낸다　　　　　‖

国民の多くが参加できる子育て政策ができれば、人口が減るのも止められ

[의견]

るだろう。

→ 정리 : 자녀가 없는 사람도 육아에 협력할 수 있는 정책이 마련되면 인구가 줄어드는 것을 막을 수 있을 것
이다.

여기가 중요!

～に違いない ~임에 틀림없다

분명 ~라고 생각한다. 강한 확신을 말하는 표현이다.

⊃ 문장 속에「～に違いない」가 있을 경우, 그 부분에 필자의 의견이 있다.

問題3

問1　정답　2

1 : 髪の毛を黒くするのは規則の一つ。多くの規則がある理由ではない。

　　머리를(두발을) 검게 하는 것은 규칙 중 하나이다. 많은 규칙이 있는 이유가 아니다.

3 : 規則は数が多いほどいいとは書かれていない。

　　규칙은 많을수록 좋다고는 쓰여 있지 않다.

4 : 規則を守れない人が勉強ができないとは書かれていない。

　　규칙을 지키지 못하는 사람이 공부를 못한다고는 쓰여 있지 않다.

핵심 포인트

질문: 하루코 씨의 학교에는 ①왜 이렇게 많은 규칙이 있는 것인가?

→ 이유를 찾아보자.

> 6~7행
>
> ①なぜこのように多くの規則があるのだろう。それは、この学校には「外見
>
> がきちんとしていないと、きちんとした人間になれない」という考え方がある
>
> = [제대로 된 사람이 되려면 외모가 단정해야 한다]　　　　　　　　　[이유]
>
> からだ。
>
> 이유를 나타낸다

→ **정리** : 외모에 대한 규칙이 많은 것은 제대로 된 사람이 되려면 외모도 단정해야 한다고 생각하고 있기 때
　　　　문이다.

問2 　　정답　3

1：小中学校の話は出てきていない。

　　초등학교 · 중학교 이야기는 나와 있지 않다.

2：「他の学校」と言ったのは、A高校の先生ではない。

　　'다른 학교'라고 말한 것은 A고등학교 선생님이 아니다.

4：規則が少ないのは「他の学校」ではなく、話している先生の学校。

　　규칙이 적은 것은 '다른 학교'가 아니라 말하고 있는 선생님의 학교이다.

핵심 포인트 ▶

질문: ②다른 학교란 어떤 학교인가?

→ 어느 학교 입장에서 '다른 학교'라고 말하고 있는지 생각해 보자.

8~9행

規則の少ない高校の先生に聞くと、

　　　　　勉強や生活で②他の学校と違う点はないと言っていた。

その先生の学校は

→ 　정리 ：규칙이 적은 고등학교(= 그 선생님의 학교)는 공부나 생활에서 다른 학교(= 규칙이 많은 고등학교)

　　　　　　와 다른 점은 없다.

問3 　　정답　4

1：「髪」は例の一つで、一番言いたいことではない。

　　'머리'는 예시 중 하나이며, 가장 말하고 싶은 것이 아니다.

2：筆者の意見と反対。

　　필자의 의견과 반대이다.

3：規則を守っているかどうか確かめるべきだとは書かれていない。

　　규칙을 지키고 있는지 어떤지 확인해야 한다고는 쓰여 있지 않다.

질문: 이 글을 쓴 사람이 가장 말하고 싶은 의견은 무엇인가?

→ 필자의 의견을 찾아보자.

6~8행, 10~11행

この学校には「外見（がいけん）がきちんとしていないと、きちんとした人間になれない」

という考え方があるからだ。

しかし、本当にそう言えるのだろうか。

부정적인 의견을 나타낸다(= 아니다. 그렇게 말할 수 없다)

……

何のため、だれのための規則（きそく）なのか、もう一度考えるべきではないだろうか。

[의견]　　　　　　　　　　　　　　　　　　의견을 나타낸다

→ 정리 : '외모가 단정하지 않으면 제대로 된 사람이 될 수 없다'라는 생각은 잘못된 것이다. 학생을 위해서
정말 필요한 규칙인지 아닌지(= 무엇을 위한, 누구를 위한 규칙인지) 생각해야만 한다.

여기가 중요!

~(の)（だろう）か ~것일까?

논의되고 있는 주제에 대해 부정적으로 생각함을 나타낸다.

- ○ 「いいえ、～ではない 아니(요), ~가 아니다」라는 의견일 경우가 많다. 「本当（ほんとう）に 정말」, 「いったい 도대체」 등
  의 표현과 함께 많이 쓰인다.
- ○ 글 속의 의문문은 필자의 의견이나 주제 등 중요한 부분을 나타내는 경우가 많으므로 주의하자.

본문 요약

1단락	A고등학교의 하루코 씨는 태어날 때부터 머리가 갈색이지만 검게 염색하고 있다. 고등학교 규칙에 머리는 검은색으로 정해져 있기 때문이다. A고등학교는 규칙이 많다.
2단락	규칙이 많은 것은 이 학교에는 '외모가 단정해야 제대로 된 사람이 된다'라는 사고방식이 있기 때문이다.
3단락	그런데 이러한 생각은 이상하다. 실제로는 규칙이 많든 적든 차이는 없다.
4단락	학생에게 있어서 정말 필요한 규칙인지 아닌지를 생각해야만 한다.

問題1

　もんだい

[問い]　　정답　4

1：電車の中での自分の位置を入力する。電車がどこにいるかはこのアプリではわからない。
（「車内での位置を入力すると」）

　전철 안에서의 내 위치를 입력한다. 전철이 어디에 있는지는 이 앱으로는 알 수 없다.

　('차내에서의 내 위치를 입력하면 (3~4행)')

2：電車の乗り換えについては書かれていない。

　전철 환승에 대해서는 쓰여 있지 않다.

3：ゲームのアプリではない。

　게임 앱이 아니다.

핵심 포인트

질문: 그 앱을 제공하고 있는 곳은 철도 회사라고 하는데 어떤 앱인가?

→ '그 앱'의 '그'가 가리키고 있는 것을 찾아보자.

2~6행

最近では、電車の中で運動できる(アプリ)ができたそうだ。乗る駅と降りる

[そのアプリ]に

駅、車内での位置 を入力すると、つり革などを使った運動を紹介してくれる。

……[そのアプリ]を配信しているのは鉄道会社だということだ。

→　[정리]　: 철도 회사가 전철 안에서 운동을 할 수 있는 앱을 제공하고 있다.

問題2

問い　　　正答　3

1：子供を集めるのが簡単になったとは書かれていない。

ア이들을 모으기가 수월해졌다고는 쓰여 있지 않다.

2：必要な知識が違っていたのは、「それまで」＝ 19世紀より前。

필요한 지식이 달랐던 것은 '그때까지 (2행)' ＝ 19세기보다 전이다.

4：工場で働く前に、字や数を勉強する必要があった。

공장에서 일하기 전에 글자나 셈을 공부할 필요가 있었다.

핵심 포인트

질문: 지금의 학교 형태는 19세기에 시작되었다고 하는데 그것은 왜인가?

→ '지금의 학교 형태'란 어떤 것을 말하는가?

→ 그 형태가 된 이유를 찾아보자.

1~6행

同じ年齢の子供が同じ部屋に集まって先生に教えてもらうという

今の学校の形 は、19世紀に始まった。

……

[이유] {
ところが、19世紀になると、……工場で働く人が必要になった。

字が読め、数が数えられる人を大勢集める必要が生まれたのだ。
}

それで 、同じ年齢の子供を集め、全員に同じ内容を教えるようになった

앞부분이 이유임을 나타낸다　　　　　　　　　　　　　　[결과]

のである。

→ 정리 : 지금의 학교 형태가 19세기에 시작된 것은 공장에서 글자와 셈을 아는 노동자가 많이 필요해졌기 때문이다.

問1　　　정답　3

「危ないところがあるかどうか調べてくれる」＝点検してくれる

'위험한 곳이 있는지 어떤지 조사해 준다' = 점검해 준다

1：混雑をなくすわけではない。（「いつ、どこで道路が混雑するかの予想」）

혼잡을 없애는 것은 아니다. ('언제, 어디서 도로가 혼잡해질지를 예상 (1행)')

2：人を教育するのではなく、人がAIを教育する。

　　（「人間が見本を示しながらAIを教育する」）

사람을 교육하는 것이 아니라 사람이 AI를 교육한다. ('사람이 견본(시범)을 보여주며 AI를 교육한다 (4행)')

4：点検はしなければならない。（「古い橋や……つまり点検など」）

점검은 해야 한다. ('낡은 다리나……즉 점검 등 (1~2행)')

핵심 포인트

질문: AI(인공 지능)에 관해 이 글에 쓰여 있는 것은 어느 것인가?

→ 문제의 선택지를 확인하자.

→ AI가 할 수 있는 일을 글에서 찾아보자.

> 1~2행
>
> AIは多くの分野で使われている。いつ、どこで道路が混雑するかの予想や、
>
> 古い橋や道路が危険かどうかのチェック、つまり点検などもその例だ。

→ 정리 ： AI는 도로 혼잡 예상, 다리나 도로 점검에 사용된다.

問2　　　정답　1

핵심 포인트

질문: 그것이란 무엇인가?

→ '그것'이 가리키는 것을 찾아보자.

> 6~7행
>
> 自動車につけたビデオカメラで道路の様子を撮ると、AIが それ を見て問題
>
> のあるところを見つけてくれる。

→ 【정리】 : AI는 자동차에서 찍은 도로 상황의 영상을 보고 문제가 있는 곳을 찾아준다.

【問3】 　정답 1

2 : 写真の研究については書かれていない。

　사진 연구에 대해서는 쓰여 있지 않다.

3 : 仕事で間違いをするようになるかどうかは書かれていない。

　일로 실수를 하게 될지 어떨지는 쓰여 있지 않다.

4 : 研究は続ける。(「注意しながら研究する……」)

　연구는 계속한다. ('주의하면서 연구할 …… (10행)')

【핵심 포인트】

질문: 이 글의 내용과 맞는 것은 어느 것인가?

→ 문제의 선택지를 확인하자.

→ '장래의 AI'에 대한 내용을 글 속에서 찾아보자.

> 9~10행
>
> 忘れたり失敗したりしないAIだが、人間以上になった時、何を始めるかは
>
> 予想できないらしい。= [장차 위험한 일을 할 가능성이 있다]
>
> 注意しながら研究する必要があるということだ。

→ 【정리】 : AI는 편리하지만 장차 인간에게 위험한 일을 할 가능성이 있으므로 주의해서 연구해야 한다고 한다.

1단락 AI는 많은 분야에서 사용되고 있다. 인간이 잘 교육하면 도로 점검 등을 실수 없이 할 수 있다고 한다.

2단락 비디오 카메라로 도로를 찍으면 AI가 도로에서 문제가 있는 곳을 알려준다. AI의 능력이 인간을 초월할 날도 가깝다고 한다.

3단락 그렇게 되면 장차 AI가 무엇을 할지 예상할 수 없다. AI 연구는 주의하면서 실시할 필요가 있다고 한다.

9회 　　　　　　　　　　　　　　　　　　　　　　연습 문제 46~49p

問題1

問1　　정답　2

1：山田町の祭りは有名ではない祭りの例。（「有名な祭りだけでなく……」）

　야마다 마을의 축제는 유명하지 않은 축제의 예시이다. ('유명한 축제뿐만 아니라…… (3행)')

3：山田町がSNSで発信しているとは書かれていない。

　야마다 마을이 SNS로 발신하고(소식을 전하고) 있다고는 쓰여 있지 않다.

4：昔、観光客が来ていたかどうかは書かれていない。

　옛날에 관광객이 왔는지 어떤지는 쓰여 있지 않다.

핵심 포인트

질문: ①야마다 마을은 어떤 마을인가?

→ '그러한 축제'가 무엇을 가리키고 있는지 찾아보자.

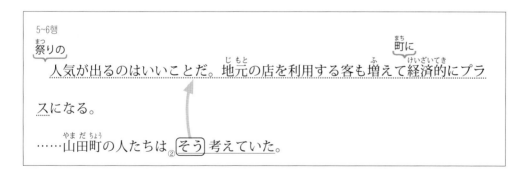

3~4行

有名な祭^{まつ}りだけでなく、小さな町^{まち}の伝統的^{でんとうてき}な祭^{まつ}りも注目されるようになった。

①山田町^{やまだちょう}も [そのような祭^{まつ}り] を続けている町の一つである。

→ 정리 : 야마다 마을 = 전통적인 축제를 이어가고 있는 작은 마을

問2　정답 4

1：必^{かなら}ず有名^{ゆうめい}になるとは書^かかれていない。

　　반드시 유명해진다고는 쓰여 있지 않다.

2：祭^{まつ}りが有名^{ゆうめい}になったら、経済^{けいざい}がよくなると考^{かんが}えていた。

　　축제가 유명해지면 경제가 좋아질 것이라고 생각하고 있었다.

3：新^{あたら}しい祭^{まつ}りではない。（＝「伝統的^{でんとうてき}な祭^{まつ}り」）

　　새로운 축제가 아니다. (= '전통적인 축제 (3행)')

핵심 포인트

질문: ②그렇게 생각하고 있었다는 것은 여기에서 어떤 의미인가?

→ '그렇게'가 무엇을 가리키고 있는지 찾아보자.

5~6行

祭^{まつ}りの

　　人気が出るのはいいことだ。地元^{じもと}の店を利用する客^{きゃく}も増えて経済的^{けいざいてき}にプラ

スになる。

……山田町^{やまだちょう}の人たちは ②[そう] 考えていた。

→ 정리 : 야마다 마을 사람들은 축제가 인기가 높아지면(=사람이 모이면) 경제적으로 도움이 된다(= 마을의
경제가 좋아진다)고 생각하고 있었다.

問3 　　正答　2

1：悪い評判が広まったのは、この町の祭りではない。

　　나쁜 평판이 퍼진 것은 이 마을의 축제가 아니다. (8~9행)

3：問題の解決方法については書かれていない。

　　문제 해결 방법에 대해서는 쓰여 있지 않다.

4：橋が壊れたのは悪い結果の例の一つ。

　　다리가 부서진 것은 나쁜 결과의 예시 중 하나이다. (7행)

> **핵심 포인트**

질문: ③축제를 그만두자는 의견이 나온 것은 왜인가?

→ 이유를 찾아보자.

6~10행

ところが今年、

[이유] { ある町では人が集まりすぎて小さい橋が壊れ……。

　　　 ……予想とは逆に悪い評判ばかりが広がってしまう町もあった。

　= [기대와 달리 나쁜 결과가 생겨 버린 마을이 있다]

そのため、山田町では③祭りをやめようという意見が出てくるようになったそうだ。

앞에 이유가 있음을 나타낸다 　　　　　　　　　　　　　　[결과]

→ **정리** : 기대와 달리 나쁜 결과가 생겨 버린 마을이 있다. 그래서 야마다 마을에서 축제를 그만두자는 의견
이 나오게 되었다.

問4 　　정답　2

1：子供か大人かは関係がない。(「住民が協力して……と私は思う」)

어린이인지 어른인지는 관계가 없다. ('주민이 협력하여……라고 나는 생각한다 (12행)')

3：客ではなく、住民のための祭りにしたほうがいいと述べている。

손님이 아니라 주민을 위한 축제로 만드는 것이 좋다고 말하고 있다. (15~16행)

4：評判についての意見は述べていない。

평판에 대한 의견은 말하고 있지 않다.

핵심 포인트

질문: 이 글을 쓴 사람이 가장 말하고 싶은 것은 무엇인가?

→ 의견을 찾아보자.

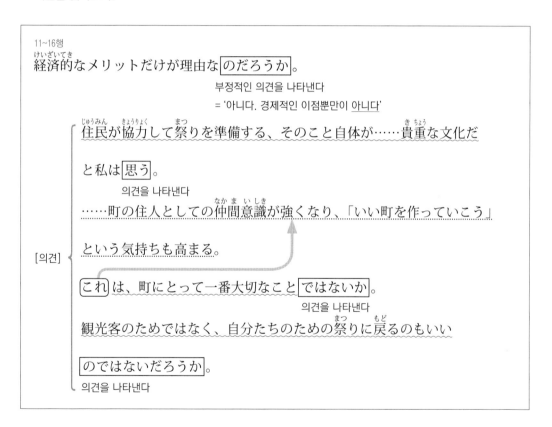

11~16행

経済的なメリットだけが理由な のだろうか 。

　　　　　　　　　　　부정적인 의견을 나타낸다

　　　　　　　　　　= '아니다. 경제적인 이점뿐만이 아니다'

[의견]

住民が協力して祭りを準備する、そのこと自体が……貴重な文化だ

と私は 思う 。

　　　　의견을 나타낸다

……町の住人としての仲間意識が強くなり、「いい町を作っていこう」

という気持ちも高まる。

これ は、町にとって一番大切なこと ではないか 。

　　　　　　　　　　　　　　　　의견을 나타낸다

観光客のためではなく、自分たちのための祭りに戻るのもいい

のではないだろうか 。

의견을 나타낸다

→ **정리** ： 축제는 오직 경제적 이점을 위해서만 하는 것이 아니다. 가장 중요한 것은 축제를 위해 주민들이 협력하고 활동하여 동료 의식을 강화하는 것이다. 손님을 위한 것이 아니라 자신들을 위한 축제로 만드는 것이 좋다.

1단락	최근 몇 년간 축제가 인기를 끌고 있다. 유명한 축제뿐만 아니라 작은 축제도 인기가 있다.
2단락	그런데 갑자기 사람이 모이다 보니 여러 문제가 생기면서 축제를 그만두려고 하는 마을도 생겨났다.
3단락	그러나 축제는 관광객을 위해 하는 것이 아니다. 마을 주민들이 함께 활동함으로써 동료 의식이 강해진다. 이것이 축제의 중요한 효과이다.

問題2

問1　　정답　3

1：木下さんは4時間しか働けない。

　　기노시타 씨는 4시간밖에 일할 수 없다.

2：交通費がもらえない。木下さんは金曜日は働けない。10時～17時は働けない。

　　교통비를 받을 수 없다. 기노시타 씨는 금요일은 일할 수 없다. 10시~17시에는 일할 수 없다.

4：交通費がもらえない。木下さんは金曜日は働けない。

　　교통비를 받을 수 없다. 기노시타 씨는 금요일은 일할 수 없다.

핵심 포인트 ▶ 정보 검색에서는 먼저 질문을 잘 읽고 정보를 찾기 위한 키워드를 찾아보자. 그다음 선택지를 보고 찾을 부분을 좁혀가자.

질문: 기노시타 씨는 오후 5시부터 9시까지 일할 수 있다. 그리고 교통비를 원한다. 일할 수 있는 날은 화·목·토·일요일이다. 기노시타 씨의 희망에 부합하는 것은 어느 것인가?

→ 키워드: '오후 5시부터 9시', '교통비', '화·목·토·일요일'

→ 선택지: B, D, F, H 중에서 고른다.

⬜ **B スポーツジムの受付**

時給 1,500 円・交通費一日 500 円まで

週 2 日から OK、1 日 6 時間以上

未経験 OK（親切に教えます）
勤務可能時間 9：00 ～ 22：00

⬜ **D 輸入会社での事務**

時給 1,600 円～・交通費支給なし

週 2 日（火・~~木~~）1 日 3 時間以上

コンピュータと英語が得意な方
勤務可能時間 10：00 ～ 17：00

⬜ **F レストランのキッチンスタッフ**

時給 1,400 円・<u>交通費支給</u>

<u>週 2 ～ 3 日、1 日 3 時間以上</u>

未経験 OK（初めてでも大丈夫です）
勤務可能時間 10：00 ～ 24：00

⬜ **H 洋服店の店員**

時給 1,500 円・~~交通費支給なし~~

火・木・~~金~~・土　1 日 7 時間

未経験 OK
勤務可能時間 10：00 ～ 20：00

- [교통비를 원한다] → 받을 수 있다

- [화·목·토·일 = 4일] → 주 2일이나 3일이라면 일할 수 있다

- [오후 5시부터 9시 = 4시간] → 3시간 이상 일할 수 있다

⇓

기노시타 씨의 조건에 부합하는 것 = <u>F</u>

핵심 포인트　질문에서 정보를 찾기 위한 키워드를 찾아보자. 찾는 순서도 생각해 보자.

질문: 야마모토 씨는 컴퓨터와 영어를 잘해서 <u>컴퓨터나 영어</u>를 사용할 수 있는 일을 찾고 있다. <u>한 직장에서 일주일에 4일 이상</u> 일하고 싶어 한다. <u>오후 6시까지</u>밖에 일할 수 없다. 야마모토 씨의 희망에 부합하는 아르바이트는 몇 개 있는가?

→ 키워드: '컴퓨터나 영어', '일주일에 4일 이상', '오후 6시까지'

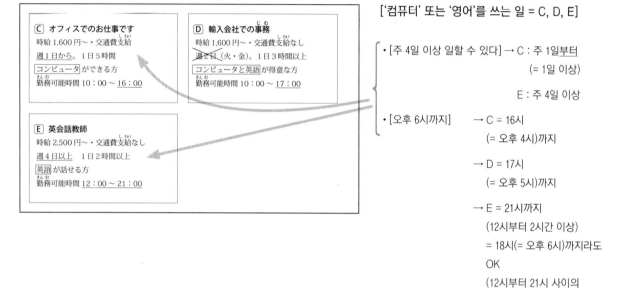

['컴퓨터' 또는 '영어'를 쓰는 일 = C, D, E]

• [주 4일 이상 일할 수 있다] → C : 주 1일부터
　　　　　　　　　　　　　　　　　　　(= 1일 이상)

　　　　　　　　　　　　　　　　E : 주 4일 이상

• [오후 6시까지]　　→ C = 16시
　　　　　　　　　　　(= 오후 4시)까지

　　　　　　　　　　→ D = 17시
　　　　　　　　　　　(= 오후 5시)까지

　　　　　　　　　　→ E = 21시까지
　　　　　　　　　　　(12시부터 2시간 이상)
　　　　　　　　　　　= 18시(= 오후 6시)까지라도
　　　　　　　　　　　OK
　　　　　　　　　　　(12시부터 21시 사이의
　　　　　　　　　　　2시간 이상)

⇓

야마모토 씨의 조건에 부합하는 것 = C와 E

<ruby>問題<rt>もんだい</rt></ruby>1

問1　　정답　4

「<ruby>結論<rt>けつろん</rt></ruby>が<ruby>出<rt>だ</rt></ruby>しにくくなった」＝<ruby>全部<rt>ぜんぶ</rt></ruby><ruby>自分<rt>じぶん</rt></ruby>で<ruby>考<rt>かんが</rt></ruby>えなければならないので、<ruby>決<rt>き</rt></ruby>めるのが<ruby>大変<rt>たいへん</rt></ruby>だ

'결론을 내리기 어려워졌다' = 전부 다 스스로 생각해야 하기 때문에 결정하기가 힘들다

1：<ruby>何度<rt>なんど</rt></ruby>も<ruby>質問<rt>しつもん</rt></ruby>させたとは<ruby>書<rt>か</rt></ruby>かれていない。

　　몇 번이나 질문하게 했다고는 쓰여 있지 않다.

2：だれに<ruby>質問<rt>しつもん</rt></ruby>するべきかということについては<ruby>書<rt>か</rt></ruby>かれていない。

　　누구에게 질문해야 하는지에 대해서는 쓰여 있지 않다.

3：<ruby>先輩<rt>せんぱい</rt></ruby>に<ruby>選<rt>えら</rt></ruby>びたいものがあったかどうかは<ruby>書<rt>か</rt></ruby>かれていない。

　　선배에게 선택하고 싶은 것이 있었는지 어떤지는 쓰여 있지 않다.

핵심 포인트

질문: ①폐를 끼쳤다고 하는데, 그것은 왜인가?

→ 이유를 찾아보자.

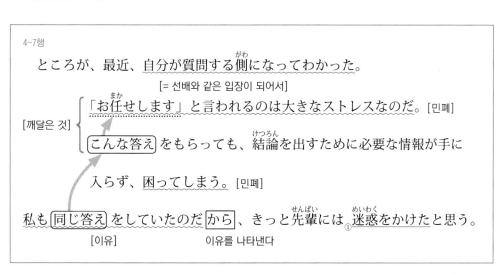

→　정리 ：「<ruby>お任<rt>まか</rt></ruby>せします 맡기겠습니다」라는 말을 들으면, 전부 스스로 생각하고 결정하지 않으면 안 되기

　　　　때문에 귀찮다. 예전에는 나도 선배에게 '맡기겠습니다'라고 대답했기 때문에, 선배에게는 폐를 끼

　　　　쳤다고 생각한다.

핵심 포인트

질문: ②③④의 「私_{わたし} 나」는 다음의 (A)(B) 중 어느 쪽을 가리키는가?

→ 선택지의 말을 찾기 쉬운 형태로 바꾸자.

(A) 무엇이 좋을지 질문한 사람　　　(B) 「お任_{まか}せします 맡기겠습니다」라고 대답한 사람

　　　　‖　　　　　　　　　　　　　　　　　‖

　　맡겨지는 사람　　　　　　　　　　　맡기는 사람

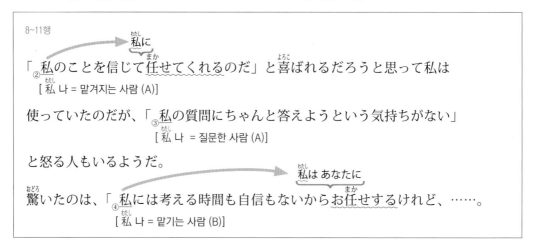

8~11행

私_{わたし}に

「②私のことを信じて任_{まか}せてくれるのだ」と喜_{よろこ}ばれるだろうと思って私は
　　[私_{わたし} 나 = 맡겨지는 사람 (A)]

使っていたのだが、「③私の質問にちゃんと答えようという気持ちがない」
　　　　　　　　　　[私_{わたし} 나 = 질문한 사람 (A)]

と怒る人もいるようだ。

私_{わたし}は あなたに

驚_{おどろ}いたのは、「④私には考える時間も自信もないからお任_{まか}せするけれど、……。
　　　　　　　　[私_{わたし} 나 = 맡기는 사람 (B)]

→ **정리** : (A) 무엇이 좋을지 질문한 사람(맡겨지는 사람) = ② ③

　　　　　　(B) 「お任_{まか}せします 맡기겠습니다」라고 대답한 사람(맡기는 사람) = ④

問3　　　정답　4

1 : 「これじゃないほうがよかった」と言_いった人_{ひと}は、質問_{しつもん}された人_{ひと}。
　　'이거 말고 다른 쪽이 좋았는데'라고 말한 사람은 질문을 받은 사람이다.

2 : 自分_{じぶん}が「お任_{まか}せします」と答_{こた}えたことにがっかりしたのではない。
　　자신이 '맡기겠습니다'라고 대답한 것에 실망한 것이 아니다.

3 : 自分_{じぶん}では選_{えら}ばなかった。(「私_{わたし}には考_{かんが}える時間_{じかん}も自信_{じしん}もないからお任_{まか}せする」)
　　스스로는 선택하지 않았다. ('나에게는 생각할 시간도 자신도 없으니 맡기겠다 (10~11행)')

질문: ⑤이게 아닌 편이(이거 말고 다른 쪽이) 좋았는데라는 것은 여기에서는 어떤 의미인가?

→ 누가 한 말이고, 왜 실망했는지를 찾아보자.

10~13행

驚いたのは、「④私には考える時間も自信もないからお任せするけれど、

ちゃんと私が満足するように選んでね」という意味で使う人もいることだ。

こういう人 は、あとになってから、「⑤これじゃないほうがよかった」などと

　　　　　　　　　　　　　　　　　　 [실망]

言う場合もある。　　　　　　　　 = [내가 만족할 만한 것을 골라 주지 않았다]

→ 　정리 ：기대하고 맡겼는데 맡긴 상대방이 만족할 만한 것을 골라 주지 않아서 실망했다.

問4　　　정답　1

2：「お任せします」と答えたのは会社に入ったころで、最近ではない。

　　　'맡기겠습니다'라고 대답한 것은 회사에 들어갔을 무렵이며, 최근은 아니다.

3：今は「何がいい？」と聞く立場になっている。

　　　지금은 '뭐가 좋아?'라고 묻는 입장이 되어 있다.

4：前は聞かれたが、最近は自分が聞いている。

　　　예전에는 질문받았지만, 최근에는 자신이 묻고 있다.

핵심 포인트 ▶

질문: 이 글을 쓴 사람에 대해 올바른 것은 어느 것인가?

→ '올바른 것은 어느 것인가?'라는 질문의 경우에는 먼저 선택지를 보고 답을 생각할 포인트를 찾아보자.

→ 선택지1, 2: 이 사람은 '맡기겠습니다'라고 대답한다?

　　선택지3, 4: 이 사람은 '뭐가 좋아?'라고 물어본다? 또는 질문받는다?

['뭐가 좋아?'라고 물어보는지 아닌지] 4행

　ところが、最近、自分が質問する側（がわ）になってわかった。

→ 　정리　 : 이 사람은 요즘 '뭐가 좋아?'하고 묻게 되었다.

['맡기겠습니다'라고 대답하는지 아닌지] 2~3행, 7행

私は何も知らなかったので、いつも「お任（まか）せします」と言っていた。

……

今なら、こんな返事はしない。

→ 　정리　 : 이 사람은 더 이상 '맡기겠습니다'라고 대답하지 않는다.

본문 요약

| 1단락 | 갓 입사했을 때 선배로부터 '뭐가 좋아?'라는 질문을 받으면 나는 '맡기겠습니다'라고 대답했었다. |

| 2단락 | 그런데 최근에 내가 질문하는 입장이 되고서야 '맡기겠습니다'라는 대답은 민폐라는 것을 깨달았다. |
| | 그래서 나는 이제 '맡기겠습니다'라고 대답하지 않는다. |

| 3단락 | 또한 '맡기겠습니다'는 사람에 따라 다른 뜻이 될 수도 있다는 것도 알았다. |

| 4단락 | 입장이 바뀌고 비로소 깨달은 것은 많다. |

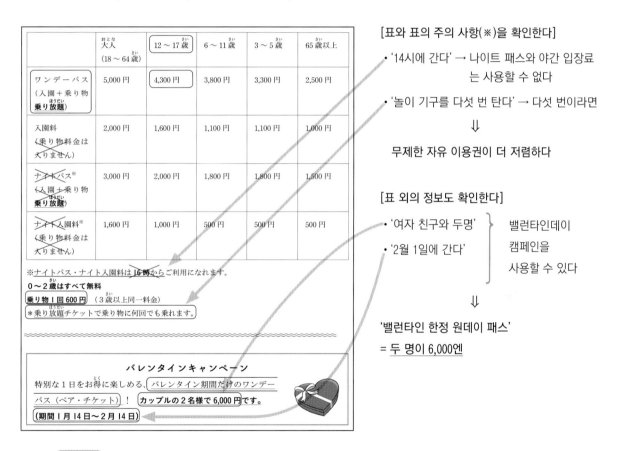

問題2

問1　　정답　2

핵심 포인트 ▶ 질문에서 정보를 찾기 위한 키워드를 찾아보자. 표뿐만 아니라 표 외에도 중요한 정보가 있는 경우가 많으므로 반드시 확인하자.

질문: 마에다 군은 16세이다. 2월 1일 14시에 동급생인 여자 친구와 함께 놀이공원에 가서 놀이 기구를 다섯 번 타고 싶다. 가능한 한 저렴하게 놀려면 두 명이서 얼마를 내야 하는가?

→ 키워드: 16세, 2월 1일, 14시, 놀이 기구를 다섯 번, 여자 친구와 두 명

[표와 표의 주의 사항(※)을 확인한다]

• '14시에 간다' → 나이트 패스와 야간 입장료는 사용할 수 없다

• '놀이 기구를 다섯 번 탄다' → 다섯 번이라면

⇩

무제한 자유 이용권이 더 저렴하다

[표 외의 정보도 확인한다]

• '여자 친구와 두명'　┐ 밸런타인데이
• '2월 1일에 간다'　　┤ 캠페인을
　　　　　　　　　　 ┘ 사용할 수 있다

⇩

'밸런타인 한정 원데이 패스'
= 두 명이 6,000엔

→ **정리** : 일반 원데이 패스보다 밸런타인 한정 원데이 패스가 더 저렴하다.

핵심 포인트　질문에서 정보를 찾기 위한 키워드를 찾아보자. 표뿐만 아니라 표 외에도 중요한 정보가 있는 경우가 많으므로 반드시 확인하자.

질문: 하나무라 씨(35세)는 아내(32세), 딸(8세), 아들(5세)과 함께 네 명이서 놀이공원에 가서 하루 종일 놀려고 한다. 2월 16일 10시에 가서 놀이 기구를 여섯 번 이상 탈 경우 가능한 한 저렴하게 놀려면 네 명이서 얼마를 내야 하는가?

→ 키워드: 35세, 32세, 8세, 5세, 2월 16일, 10시, 놀이 기구를 여섯 번 이상

[표와 표의 주의 사항(※)을 확인한다]

· '10시에 간다' → 나이트 패스와 야간 입장료는 사용할 수 없다

· '놀이 기구를 여섯 번 이상 탄다'
→ 무제한 자유 이용권을 사용하는 것이 더 저렴하다

· '2월 16일' → 밸런타인 캠페인은 사용할 수 없다

⇓

표의 정보로는 원데이 패스가 가장 저렴하다

(5,000엔 × 2) + 3,800엔 + 3,300엔

= 17,100엔

= 4인 기준 17,100엔

[표 외의 정보도 확인한다]

· '아들 = 5세' → 가족을 위한 캠페인을 사용할 수 있다

· '어른 두 명' → 원데이 패스가 할인된다

⇓

(4,000엔 × 2) + 3,800엔 + 3,300엔

= 4인 기준 15,100엔

→ **정리** : 가족을 위한 캠페인을 통해 원데이 패스를 사는 것이 가장 저렴하다.

問題 1

問 1   정답   1

핵심 포인트

질문: ①그와 같은 일이란 무엇을 가리키는가?

→ 지시사가 가리키는 것을 찾아보자. = 어떠한 일을 <u>하는가</u>?

1~5행

「私が働いているスーパーでは、数時間おきにお弁当などを捨てなければいけないん

です。 = [하는 일]

[버리는 도시락에
대한 설명] = 腐らないように冷蔵コーナーに置いてあって、

5分前までは 500 円で売っていたお弁当ですから、

まだ食べられます。

それを捨てる時には残念な気持ちになります。」 = [기분]

と言う。お弁当に書かれた消費期限が近いために、①そのようなことをするのである。

→ **정리** : 슈퍼에서는 소비 기한이 임박해지면 먹을 수 있는 음식이라도 버리도록 되어 있어 도시락 등을 몇
시간 간격으로 버리고 있다.

問 2   정답   2

핵심 포인트

질문: ②그 시간은 무엇을 가리키는가?

→ 지시사가 가리키는 시간을 찾아보자.

「例えばスーパーで前日に買って、食べるのは翌日の昼という人は多いと思い
= [먹는 시간의 예시]

ます。でも、スーパーでは②その時間にはその商品は売られていないんです。」

→ 정리 : 슈퍼에서 산 음식을 먹는 시간 (예를 들면 '다음 날 점심')

問3 정답 3

1：悲しいのは、売れない物があることではない。

슬픈 것은 팔리지 않는 물건이 있다는 것이 아니다.

2：店にそれしかないかどうかは書かれていない。

가게에 그것밖에 없는지 어떤지는 쓰여 있지 않다.

4：売れることは悲しいことではない。

팔린다는 것은 슬픈 일이 아니다.

핵심 포인트

질문: ③슬퍼진다고 하는데, 그것은 왜인가?

→ 이유를 찾아보자.

「特に③悲しくなるのは行事があった後です。

例えばクリスマス当日には、ケーキがよく売れますから、
[케이크 = 행사와 관련된 것의 예시]
スーパーではいつもよりたくさんケーキをお店に並べます。

[행사의
예시]

当日はよく売れますが、全部が売れることはありません。

だから 消費期限が近くなると、とてもたくさんのケーキを捨て

なければならない のです。」
[이유]　　　사정 설명(이유)

→ 정리 : 행사 때는 행사에 관련된 것은 잘 팔리지만, 행사 후에는 너무 많이 버리게 되어 슬퍼진다.

問4 　　정답　4

1：売ってしまったほうがいいとは書かれていない。

　　　팔아 버리는 편이 좋다고는 쓰여 있지 않다.

2・3：買うことについては書かれていない。

　　　　구입에 대해서는 쓰여 있지 않다.

핵심 포인트

질문: 이 글을 쓴 사람의 의견은 다음 중 어느 것인가?

→ 의견을 찾아보자.

15~16행

時間が経って消費期限が近くなった食べ物が

確かに時間が経てば、安全だと言い切るのは難しいかもしれない。

でも、本当に それ を全部捨てなければならないものな のだろうか 。

　　　　　　　　　　　　　　　　　　부정적인 의견을 나타낸다

　　　　　　　　　　　　　　= [아니다. 버리지 않아도 된다]

→ **정리** ： 소비 기한이 임박한 것(= 시간이 지나 버린 음식)을 모두 버릴 필요는 없다고 생각한다.

본문 요약

1단락 　슈퍼에서 아르바이트를 하고 있는 A씨가 가장 궁금한 점은 슈퍼에서는 아직 먹을 수 있는 음식이라도 소비 기한이 임박해지면 버려지고 만다는 것이다.

2단락 　행사 때에는 행사와 관련된 상품을 평소보다 많이 가게에 진열하는데, 행사 후에 팔지 못한 상품을 많이 버려야 한다.

3단락 　시간이 지난 것은 절대 안전하다고는 할 수 없을지도 모른다. 하지만 모든 것을 폐기할 필요는 없다고 생각한다.

<ruby>問題<rt>もんだい</rt></ruby> 2

[問1]　　　정답　4

1：<ruby>一般<rt>いっぱん</rt></ruby>コースには<ruby>出<rt>だ</rt></ruby>せない。　일반 코스에는 출품할 수 없다.

2：<ruby>年間<rt>ねんかん</rt></ruby>コンテストにも<ruby>出<rt>だ</rt></ruby>せる。　연간 콘테스트에도 출품할 수 있다.

3：<ruby>両方<rt>りょうほう</rt></ruby>に<ruby>出<rt>だ</rt></ruby>す<ruby>場合<rt>ばあい</rt></ruby>は、<ruby>違<rt>ちが</rt></ruby>う<ruby>写真<rt>しゃしん</rt></ruby>でなければならない。　양쪽에 출품할 경우에는 다른 사진이어야 한다.

핵심 포인트 ▶ 질문에서 정보를 찾기 위한 키워드를 찾아보자. '주의 사항'이 있으면 그 부분도 반드시 확인하자.

질문: 다나카 씨는 사진을 찍기 시작한 지 3주 차이다. 이 회사의 카메라로 파란 전철 사진이 한 장 잘 찍혔기 때문에 이 사진을 콘테스트에 출품하고 싶다고 생각하고 있다. 오늘은 1월 3일이다. 다나카 씨가 작품을 출품할 수 있는 것은 어느 것인가?

→ 키워드: 찍기 시작한 지 3주 차, 파란 전철 사진, 한 장, 1월 3일

①<ruby>週間<rt></rt></ruby>コンテスト（どんなカメラで<ruby>撮<rt>と</rt></ruby>った写真でも OK！）
<ruby>毎週水曜日<rt></rt></ruby>までにその週のテーマの作品を出してください（1人1作品までですが、別の作品なら毎週続けて出せます）。
➡次の水曜日に<ruby>入賞者<rt>にゅうしょうしゃ</rt></ruby>各3人を発表します。<ruby>賞品<rt>しょうひん</rt></ruby>はマグカップです。

1月のテーマは「色」
- 1月第1週：白（1/6 まで）
- 1月第2週：青（1/13 まで）
- 1月第3週：黒（1/20 まで）
- 1月第4週：赤（1/27 まで）

②<ruby>年間<rt></rt></ruby>コンテスト（Q 社のカメラで<ruby>撮<rt>と</rt></ruby>った写真を出してください）
今年のテーマは「乗り物の写真」で、賞の発表は来年の1月1日です。10月31日までに出してください（1人1作品）。A) B) の両方に出すことはできません。
A) <ruby>初心者<rt>しょしんしゃ</rt></ruby>コース（写真撮影の経験1年以内の方）
➡<ruby>初心者大賞<rt>しょしんしゃたいしょう</rt></ruby>10作品を発表します。賞品はワイングラスです。
B) <ruby>一般<rt>いっぱん</rt></ruby>コース（<ruby>初心者<rt>しょしんしゃ</rt></ruby>コース以外の方）
➡<ruby>大賞<rt>たいしょう</rt></ruby>1作品を発表します。<ruby>賞品<rt>しょうひん</rt></ruby>は<ruby>当社<rt>とうしゃ</rt></ruby>の<ruby>新製品<rt>しんせいひん</rt></ruby>のカメラです。
【注意】(1) 週間コンテスト、(2) 年間コンテスト、の両方へ出す場合、別の写真でお願いいたします。

['(1) 주간 콘테스트'를 확인한다]
- '파란 전철 사진' → 색은 파랑
- 오늘은 '1월 3일'
⇩
<u>주간 콘테스트 부문의 1월 둘째 주</u>에 출품 가능

['(2) 연간 콘테스트'를 확인한다]
- '파란 전철 사진' → 탈 것(교통수단)
- '찍기 시작한 지 3주 차'
⇩
<u>연간 콘테스트 초보자 코스에 출품 가능</u>
(일반 코스에는 출품할 수 없다)

[【주의】를 확인한다]
'사진은 한 장' = 다른 사진은 없다
⇩
주간 콘테스트나 연간 콘테스트 중
<u>어느 하나</u>에만 출품 가능

→ [정리]：주간 콘테스트의 1월 둘째 주, 또는 연간 콘테스트의 초보자 코스 중 하나에만 출품할 수 있다.

問2 ~~~ 정답 1

２：２月の週間コンテストの月間賞の賞品はペンケース。

> 2월의 주간 콘테스트의 월간상 상품은 필통이다.

３：経験10年なので、初心者コースには出せない。

> 경력 10년이기 때문에 초보자 코스에는 출품할 수 없다.

４：一般コースの賞品はカメラ。

> 일반 코스의 상품은 카메라이다.

핵심 포인트

질문: 기무라 씨는 <u>경력 10년의 프로 사진가</u>이고, 이 회사의 카메라를 사용하고 있다. 오늘은 1월 3일이다. <u>상품인 와인잔</u>을 원할 경우 어떻게 작품을 출품하면 되는가?

→ 키워드: 와인잔, 경력 10년의 프로

（１）週間コンテスト（どんなカメラで撮った写真でも OK！）

＊週間コンテスト入賞作品の中から毎月1作品を「月間賞」に選び、次の月の最初の
土曜日に発表します。1月の月間賞の賞品はワイングラスです。

（２）年間コンテスト（Q社のカメラで撮った写真を出してください）
今年のテーマは「乗り物の写真」で、賞の発表は来年の1月1日です。10月31日までに
出してください（1人1作品）。A) B) の両方に出すことはできません。

A) 初心者コース（写真撮影の経験1年以内の方）
→初心者大賞10作品を発表します。賞品はワイングラスです。

B) 一般コース（初心者コース以外の方）
→大賞1作品を発表します。賞品は当社の新製品のカメラです。

[와인잔을 받을 수 있는 콘테스트]

'1월 주간 콘테스트 월간상'

'연간 콘테스트 초보자 코스'

・'기무라 씨는 경력 10년의 프로'

→ 초보자 코스는 경력 1년 이내

= <u>초보자 코스에는 출품할 수 없다</u>

⇓

'<u>1월 주간 콘테스트</u>'에 출품한다

→ 정리 : 기무라 씨가 와인잔을 받을 가능성이 있는 것은 1월의 주간 콘테스트뿐이다.

12회

問題1

問1　　정답　3

1：自分ではなく子供が悪いことをした時のことについて書かれている。

　　자신이 아니라 아이가 잘못을 했을 때의 일에 대해 쓰여 있다.

2：話すことが大変なのではない。

　　말하는 것이 힘든 것이 아니다.

4：子供が警察に捕まることが多いとは書かれていない。

　　아이가 경찰에 체포되는 일이 많다고는 쓰여 있지 않다.

핵심 포인트

질문: ①유명해진 사람은 힘들다고 했는데, 그것은 왜인가?

→ 이유를 찾아보자.

1~3행

　①有名になった人は大変だ。

「あの有名人の子供が警察に捕まった。上手に子育てしなかった親が悪い。」

と言って、テレビカメラの前に有名人を連れてきてみんなで謝らせている

　　　　　　　　　　　　　　　　　[그렇게 생각한 조건 = 이유]

のを見る と 、 そう 思う。

조건을 나타낸다

→ **정리** : 유명인은 아이가 경찰에 체포되면 비난을 받고, TV 카메라 앞에서 사과를 하게 하므로 힘들다.

問2　　정답　2

1 : 兄や姉だけではない。（「子供が育つためには、……友達の影響を受ける。」）

　　형이나(오빠나) 누나(언니)만이 아니다. ('아이가 자라기 위해서는……친구의 영향을 받는다. (10~11행)')

3 : 新しいものを受け入れることについては、何も書かれていない。

　　새로운 것을 받아들이는 것에 대해서는 아무것도 쓰여 있지 않다.

4 : 親が子供をコントロールしようと考えているとは書かれていない。

　　부모가 아이를 통제하려고 생각하고 있다고는 쓰여 있지 않다.

핵심 포인트

질문: ②부모가 아이를 통제할 수 있는 부분은 작다고 하는데 왜인가?

→ 이유를 찾아보자.

→ '이유 표현'을 쓰지 않고 이유를 설명하는 경우도 자주 있다. '이유 표현'이 근처에 없을 때는 앞이나 뒤쪽을 잘
　　읽고 설명하고 있는 부분을 찾아보자.

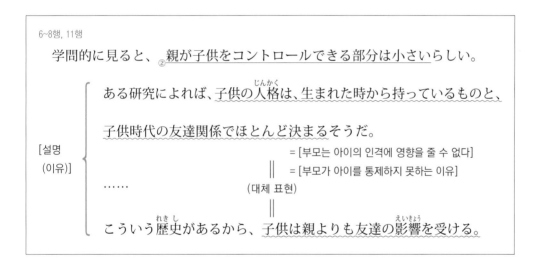

6~8행, 11행

　　学問的に見ると、②親が子供をコントロールできる部分は小さいらしい。

[설명
(이유)]

　　ある研究によれば、子供の人格は、生まれた時から持っているものと、

　　子供時代の友達関係でほとんど決まるそうだ。

　　　　　　　　　　　　　　　　= [부모는 아이의 인격에 영향을 줄 수 없다]
　　　　　　　　　　　　　　　　‖ = [부모가 아이를 통제하지 못하는 이유]
　　……　　　　　　　　　　　　(대체 표현)
　　　　　　　　　　　　　　　　‖
　　こういう歴史があるから、子供は親よりも友達の影響を受ける。

→ **정리** : 부모가 아이를 통제할 수 있는 부분이 작다는 것은 아이는 부모보다도 친구의 영향을 받기 때문이다.

問3 　　正答　1

2 ：どう育てたらいいかについては書かれていない。

　　어떻게 키우면 좋은지에 대해서는 쓰여 있지 않다.

3 ：研究の歴史については書かれていない。

　　연구의 역사에 대해서는 쓰여 있지 않다.

4 ：母親の仕事については書かれていない。

　　어머니의 역할에 대해서는 쓰여 있지 않다.

핵심 포인트

질문: ③이런 이야기란 무엇인가?

→ 지시사가 가리키는 곳을 찾아보자.

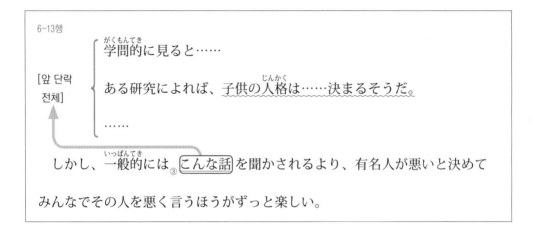

6~13행

[앞 단락 전체] 　学問的に見ると……

　　　　ある研究によれば、子供の人格は……決まるそうだ。

　　　　……

しかし、一般的には ③こんな話 を聞かされるより、有名人が悪いと決めて

みんなでその人を悪く言うほうがずっと楽しい。

→ **정리** : 아이의 인격이 어떻게 결정되느냐는 학문적인 이야기를 듣는 것보다 유명인의 악담을 하는 것이 훨씬 즐겁다.

問4 問4　　　정답　1

2：メディアが大切なものだとは書かれていない。

　　미디어가 중요한 것이라고는 쓰여 있지 않다.

3：伝える速さについては書かれていない。

　　전달하는 속도에 대해서는 쓰여 있지 않다.

4：正しく伝える方法を考えるべきだとは書かれていない。

　　올바르게 전달할 방법을 생각해야 한다고는 쓰여 있지 않다.

핵심 포인트

질문: 이 글을 쓴 사람이 말하고 싶은 것은 무엇인가?

→ 필자의 의견을 찾아보자.

> 16~17행
>
> テレビなどのメディアは、事実を正しく伝えるより、事件をおもしろく
>
> 伝えて人々を楽しませるほうが大切だと考えている。
>
> 　　　　　　　　　　　　　　　　　= [사실을 바르게 전달하지 못하고 있다]
>
> 私たちは このこと を忘れ てはいけない 。
>
> 　　　　　　　　　의견을 나타낸다

→　정리　: 미디어가 올바른 사실만을 전달하고 있는 것은 아니라는 것을 잊어서는 안 된다.

본문 요약

1단락　유명인은 아이가 나쁜 짓을 하면 TV 카메라 앞에서 비난을 받고 사과하게 된다. 하지만 아이가 한 일을 모두 부모 탓이라고 생각하는 것은 이상하다.

2단락　학문적으로 보면 부모는 아이를 잘 통제할 수 없다고 한다. 아이들은 부모보다 친구들의 영향을 강하게 받기 때문이다.

3단락　그러나 이런 학문적인 이야기보다 악담하는 것이 더 즐겁다. 그래서 유명인을 비판하는 프로그램은 인기가 있고, TV 방송국은 돈을 버는 것이다.

4단락　TV와 같은 미디어는 사실을 바르게 전달하기보다 사람들을 즐겁게 하는 것이 더 중요하다고 생각한다. 이 사실을 잊어서는 안 된다.

問1 　정답　1

핵심 포인트

질문: 마쓰모토 씨 가족의 아이들은 <u>눈놀이</u>, 아버지는 <u>우동</u> 식사, 어머니는 <u>기모노 (패션)쇼</u>를 기대하고 있다. 어느 일정으로 눈 축제장에 가면 <u>모두가 만족</u>하겠는가?

→ 키워드: 눈놀이, 우동, 기모노 쇼, 모두가 만족

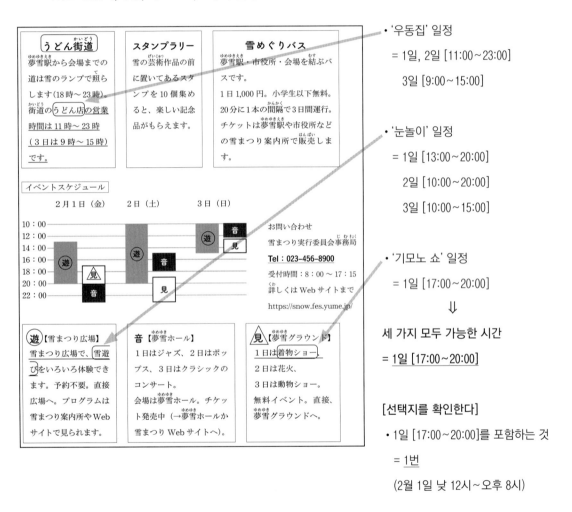

• '우동집' 일정

= 1일, 2일 [11:00~23:00]

3일 [9:00~15:00]

• '눈놀이' 일정

= 1일 [13:00~20:00]

2일 [10:00~20:00]

3일 [10:00~15:00]

• '기모노 쇼' 일정

= 1일 [17:00~20:00]

⇩

세 가지 모두 가능한 시간

= 1일 [17:00~20:00]

[선택지를 확인한다]

• 1일 [17:00~20:00]를 포함하는 것

= <u>1번</u>

(2월 1일 낮 12시~오후 8시)

→ **정리** : <u>2월 1일 낮 12시~오후 8시</u> 일정이라면 모두가 만족할 수 있다.

問2	정답　3

핵심 포인트

질문: 야마구치 씨 부부는 <u>3세</u>와 <u>7세</u>인 아들, <u>65세</u>인 아버지와 함께 <u>다섯 명</u>이서 눈 축제에 가서, 되도록 <u>버스</u>를 이용해 <u>3일간</u> 즐길 생각이다. 버스비는 모두 <u>얼마</u> 드는가?

→ 키워드: 3세, 7세, 65세, 다섯 명, 버스, 3일간, 얼마

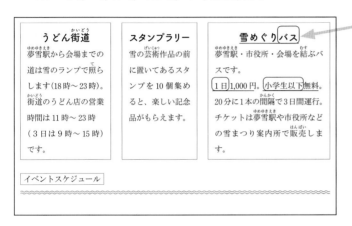

[버스비를 확인한다]

• 1일 = 1,000엔

• 초등학생 이하 무료

[야마구치 씨 가족을 확인한다]

• 모두 다섯 명

• 아이 두 명 = 3세, 7세

    = 초등학생 이하

    = 무료

⇓

돈을 내는 사람은 세 명뿐

→ **정리** : 1일 1,000엔을 세 명이 3일간 지불

    = (1,000엔×3)×3 = <u>9,000엔</u>

모의시험

모의시험64~75p

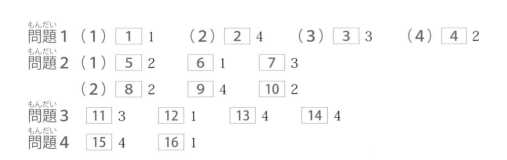

問題1 （1） 1 1　　（2） 2 4　　（3） 3 3　　（4） 4 2

問題2 （1） 5 2　　 6 1　　 7 3

  （2） 8 2　　 9 4　　 10 2

問題3 　 11 3　　 12 1　　 13 4　　 14 4

問題4 　 15 4　　 16 1

문제 유형별 핵심 포인트 총정리

시사
JLPT
일본어능력시험
합격 시그널

N3 독해

정답 및 해설

Since1977

시사 Dream,
Education can make dreams come true.